함께 만들어 가는 세상 02

가장 어두운 곳에서도 ★ 반짝반짝 빛나는 친구들
세상을 움직이는 소년 소녀

이선경 글 | 이한울 그림

썬더키즈
thunder kids

작가의 말

가장 어두운 곳에서도
반짝반짝 빛나는 친구들이 있어요

오랜 시간 방송작가를 하면서 저는 수많은 사람들을 인터뷰했어요. 인기 정점에 오른 스타들, 사회적으로 성공한 사업가, 유명한 정치인 들을 만나 이야기를 나누었지요.

  사랑받기 위해 끊임없이 노력하는 스타들의 삶은 참 눈이 부셔요. '이래서 많은 사람에게 박수와 환호를 받는 구나.' 하고 고개를 끄덕이게 되지요. 또, 성공한 사람에게서는 언제나 끈질긴 도전 정신이 발견되곤 해요. 숱한 위기를 넘기고 자신의 인생을 개척하는 대목에서는 절로 박수가 나오기도 하지요. 그들의 이야기를 토대로 대본 작업을 하고, 화려한 조명과 적절한 음악, 현란한 자막을 더하면 한 편의 방송이 만들어져요. 비록 얼굴을 맞대고 그 사람을 만난 게 아니더라도 제가 느꼈던 감동을 고스란히

시청자들에게 전달할 수 있어요.

그런데 이번에 제가 소개할 주인공들은 화려한 조명을 비추지 않아도 스스로 반짝반짝 빛나는 친구들이에요. 앞서 만났던 유명인들보다 나이는 한참 어리지만, 그들이 세상을 대하는 태도는 어떤 어른들과 비교해도 부족하지 않지요.

이 책의 주인공들은 멋진 성공을 바라고 이 일을 시작한 게 아니에요. 가족의 불편한 점을 돕고 싶어서, 이웃 아저씨의 안타까운 죽음을 공부하다가, 자신과 주변 사람들의 어려운 처지를 탈출하기 위해 용기를 내고 더 큰 꿈을 꿨을 뿐이에요. 그들은 모두 가슴이 시키는 대로 실천하다 보니 위험한 도전도 헤쳐 나갈 수 있었다고 말해요.

'언젠가 어른들이 해결해 주겠지.' '이건 어른들의 몫이니까.'

그들은 이런 생각으로 기다리지 않았어요. 곧바로 실천하고 행동했어요. 그리고 놀라운 기적을 만들어냈지요. 세상을 책임지는 일은 어른의 몫이지만, 어린이도 얼마든지 세상을 움직일 수 있으니까요.

여러분도 주변에 관심을 기울여 보세요. 어려움에 처한 친구나 불편을 겪는 이웃들이 있나요? 자연을 해치는 일, 정의롭지 못한 일이 벌어지고 있지는 않나요? 한 번 손을 내밀어 보세요. 그 일이 당장은 하찮아 보일지 몰라도, 나의 작은 용기가 세상을 바꾸는 기적을 불러올 수 있어요. 또 시간과 노력을 기울이다 보면 그 안에서 몰랐던 나의 재능과 꿈을 발견하게 될지도 몰라요.

소년, 소녀가 저마다의 꿈을 갖고 정성을 쏟는 일만큼 세상에 멋진 일이 또 있을까요? 그 작은 꿈들이 모여 지구촌 문제들을 해결해 낸다면, 우리는 더 행복할 수 있고 더 평화로운 미래를 누릴 수 있답니다.

  누구나 이 책에 나오는 주인공이 될 수 있어요. 저는 그 후보들을 앞으로도 계속 찾아낼 거예요! 그럼 이제 세상을 움직이는 소년, 소녀 들을 만나러 가 볼까요?

이 선 경

차례

작가의 말 • 2

1. 지구를 지키는 1인 시위 • 7
- 그레타 툰베리

2. 죽음의 바다를 건넌 난민 소녀 • 29
- 유스라 마르디니

3. 쓰레기로 만들어 낸 기적 • 51
- 켈빈 도우

4. 래퍼가 된 어린 신부 • 73
- 소니타 알리자데

5. 암 환자들에게 희망을! • 95
- 잭 안드라카

6. 책과 펜을 무기로 • 117
 - 말랄라 유사프자이

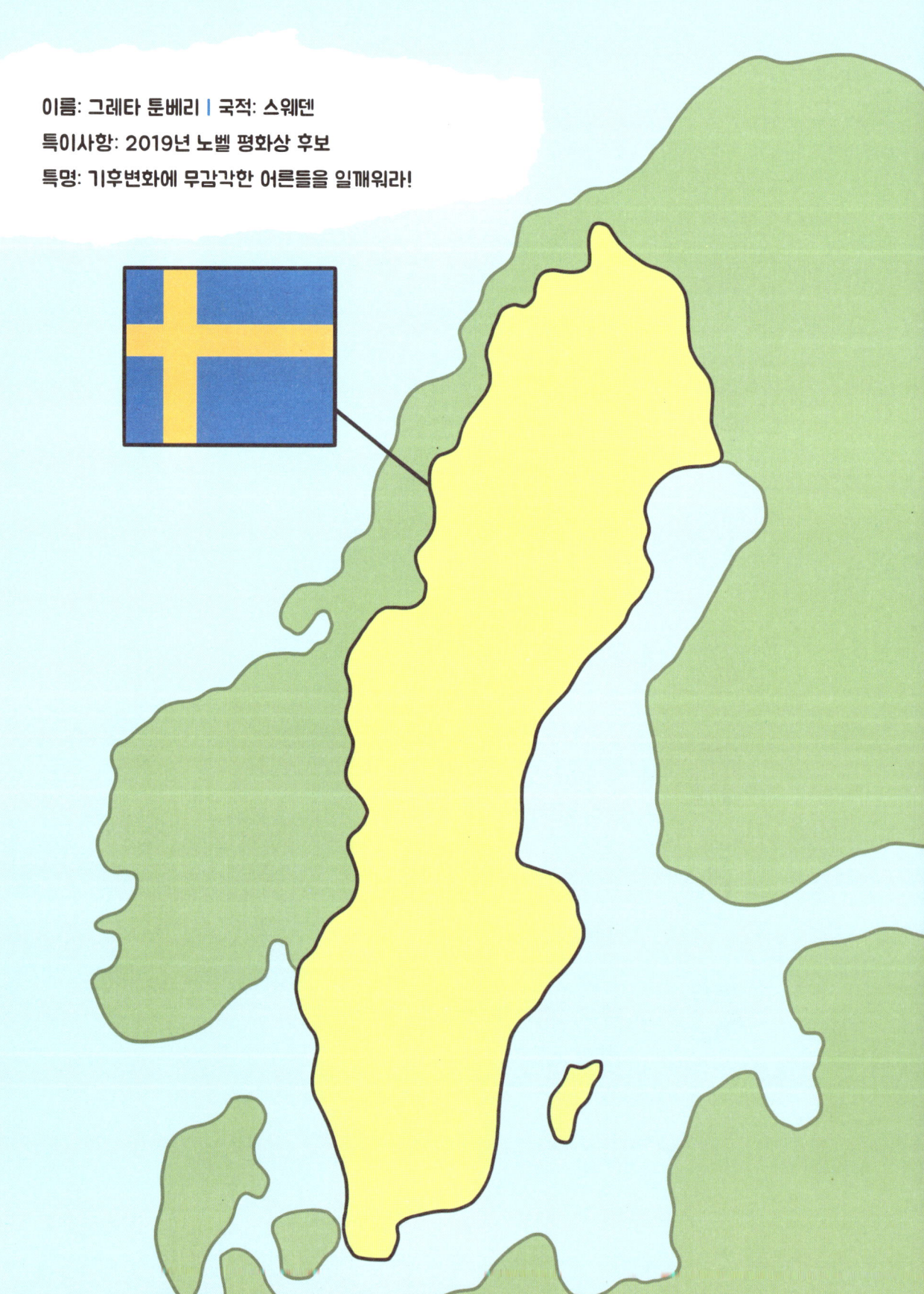

> 저는 여기가 아닌 학교에 있어야 합니다.
> 그런데 당신들이 내 어린 시절과 꿈을 앗아갔습니다.
> 사람들이 고통 받고, 생태계는 무너지고 있습니다.
> 당신들은 우리를 실망시켰습니다.
> 미래 세대의 눈이 당신들을 향하고 있습니다.
> 우리를 실망시킨다면 결코 용서하지 않을 것입니다.

2019년 뉴욕 유엔본부에서 열린
'기후행동 정상회의' 발언

비행기 대신 기차를!

"꼭 비행기를 타야 하나요? 기차로 가도 다섯 시간이 안 걸리잖아요."

"오, 그레타! 그 이야기를 또 하는 거니?"

그레타의 엄마는 오페라 가수예요. 내일 있을 지방 공연을 위해서 비행기를 탈 예정이었지요. 이 사실을 알게 된 그레타는 여지없이 잔소리를 늘어놓았어요.

"엄마, 승객 한 명이 1킬로미터를 비행할 때 자그마치 285그램이나 되는 이산화탄소가 배출돼요. 그런데 기차를 탄다면, 이산화탄소는 14그램 정도만 배출된다고요. 탄소 배출을 줄이려면 비행기 대신 기차를 타야죠!"

엄마는 그레타가 무슨 말을 하려는 지 잘 알고 있었어요. 출장을 떠날 때마다 반복되는 싸움이었으니까요. 잠시 고민을 하던 엄마는 결심이 선

듯 말했어요.

"휴, 알겠다! 비행기 표를 취소하마."

"우아, 엄마 최고예요!"

그레타는 소리를 지르며 엄마를 꼭 끌어안았어요. 엄마는 고개를 절레절레 흔들었지요.

그레타가 이토록 극성스럽게 엄마를 조르는 데는 이유가 있었어요. 초등학교 수업 시간에 북극곰 영상을 보고 난 후, 기후 문제에 관심을 두게 됐거든요.

영상 속 북극곰은 하얀 눈 위에서 축 처진 모습으로 자고 있었어요. 북극곰은 주식인 물범이 얼음 사이로 고개를 내밀 때 잽싸게 낚아채 사냥을 하는데, 최근 바다엔 얼음이 얼지 않아 먹이를 구할 수가 없었어요.

선생님은 지구의 기온이 높아지면서 빙하 녹는 속도가 점점 빨라지고 있다고 설명했어요. 당시 8살이었던 그레타는 너무나 무서웠어요. 굶주린 북극곰이 불쌍했고, 내버려 두는 사람들이 잔인하다고 느꼈어요. 우울한 기분으로 집에 돌아온 그레타는 부모님에게 물었어요.

"기후 문제에 대해 어떻게 생각하세요?"

느닷없는 질문에 엄마와 아빠는 어리둥절한 표정이었어요. 아빠가 먼저 대답했어요.

"지구 온난화 문제가 심각하지. 그렇지만 당장 지구가 어떻게 되는 건 아니란다. 아직은 괜찮아."

"초등학교에 입학하고 책을 많이 읽더니 기후 문제에 관심을 갖게 됐구

나. 그렇지?"

그레타는 가슴이 아팠어요.

'왜 어른들은 이 문제에 대해 진지하지 않지? 당장 우리 미래의 일인데……'

그날 이후 그레타는 기후 변화를 공부하기 시작했어요. 책과 영화, 다큐멘터리를 열심히 찾아보았어요. 그리고 부모님을 설득했어요.

육식을 좋아하는 아빠에게는 소, 양 등을 기르는 과정에서 엄청난 양의 온실가스가 발생하는 문제를 설명했어요. 소 4마리가 숨을 내쉬는 과정에서 내뱉는 메탄가스가 자동차 1대에서 나오는 양과 크게 다르지 않다는 통계도 이야기했지요. 결국 아빠는 고기를 끊고 채식주의자가 되었어요. 집 앞마당에는 직접 길러 먹을 수 있는 채소밭도 만들었지요. 그리고 끈질기게 엄마를 설득한 끝에 기차를 이용하겠다는 약속을 받아낸 거예요.

'내가 노력하면 엄마, 아빠를 변화시킬 수 있구나. 그래 이거야!'

부모님의 달라진 모습은 그레타에게 큰 용기를 주었어요. 그리고 기후 변화를 막기 위해 무슨 일이든 해야겠다고 다짐했지요.

폭염을 피하는 방법

중학생이 된 그레타는 유난히 더운 여름을 맞고 있었어요. 북유럽에 있는 스웨덴은 원래 무더위와 거리가 먼 곳이에요. 한여름에도 평균 기온이 20도를 넘지 않았는데, 올해 여름은 연일 30도를 훌쩍 넘고 있었지요. 건조한 날씨 탓에 스웨덴 곳곳에선 대형 산불이 일어나고 사람과 가축들이 큰 피해를 보는 사태가 벌어졌어요.

'온난화의 속도를 늦추겠다는 약속을 지키지 않았기 때문이야.'

그레타는 알고 있었어요. 전 세계의 많은 나라가 모여 〈파리기후협약〉을 맺고 매년 평균 기온 상승 폭을 줄여 나가기로 약속했지만, 대부분 지키고 있지 않았고, 스웨덴도 마찬가지였어요.

'우리의 미래가 사라질지도 모르는 문제인데 왜 모두 조용하지? TV를

• 2015 파리기후협약에도 불구하고 지구 온난화는 가속화되고 있다.

켜자마자 당장 이 뉴스가 보도되어야 하는 거 아냐?'

그즈음 스웨덴은 새 국회의원을 뽑는 선거를 앞두고 있었어요. 그레타는 후보에 오른 정치인들의 인터뷰를 눈여겨보았지만, 아무도 기후 문제를 이야기하지 않았어요.

'정치인들이 가장 먼저 대책을 내놓아야 하는 거 아닌가? 왜 아무도 문제를 제기하지 않지?'

그레타는 그들에게 대책을 요구할 수 있는 효과적인 방법을 고민했어요. 그때 머릿속을 스치는 뉴스가 있었지요. 얼마 전 미국의 한 고등학교 총격 사건 이후, 학생들이 학교 수업을 빠지고 총기 규제 시위에 나섰던 이야기를 떠올린 거예요.

'그래, 이거야!'

그레타는 시위를 하기로 했어요. 그리고 학급 친구들에게 함께하자고 이야기해 보았지요.

"국회의사당 앞에서 팻말을 들고 서 있자고? 창피해서 난 못 해."

"이렇게 더운 여름에 에어컨도 없는 야외라니, 생각만 해도 끔찍하다."

친구들은 전혀 흥미를 보이지 않았어요.

"어른들이 네 이야길 들어줄 것 같아? 비웃고 지나갈 걸?"

"혹시 너 공부하기 싫어서 수업 빠지려는 거 아니야?"

몇몇 아이들이 킥킥대고 웃었어요. 그레타는 속상했지만 포기할 수 없었어요. 혼자서 1인 시위라도 나서겠다고 결심했지요. 하지만 문제는 또 있었어요. 부모님의 반대였어요.

"학교 빠지는 건 너무 무리야. 차라리 주말에 하면 어떻겠니?"

"주말에 시위한다면 아무도 제게 관심을 두지 않을 거예요."

"뜨거운 폭염에 몇 시간씩 서 있다간 병이 나고 말 거야."

"뭘 걱정하시는지 알아요. 하지만 더 미룰 순 없어요. 허락해 주세요."

"그레타, 시위가 최선은 아니야. 다른 방법을 더 고민해 보자."

딸을 걱정하는 마음이 큰 부모님도 물러서지 않았어요. 결국 그레타는 홀로 시위 준비를 시작했어요. 매주 금요일, 학교 수업 시작 시간부터 하교 시간에 맞춰 진행할 계획이었지요.

다행히도 이 사실을 알게 된 담임 선생님이 그레타를 돕겠다고 나섰어요. 수업 진도를 따라갈 방법을 마련해 주었지요. 그레타의 마음도 한결 가벼웠어요.

국회의사당으로 간 소녀

마침내 첫 번째 금요일이 찾아왔어요. 그레타는 평소처럼 등교 시간에 집을 나왔어요. 손에는 나무판자로 만든 팻말이 들려 있었어요. 〈기후를 위한 등교 거부〉라는 손글씨로 채운 볼품없는 팻말이었지만, 마치 무기라도 획득한 장수처럼 비장했어요. 익숙한 등교 버스 대신, 낯선 노선의 버스와 지하철을 갈아타고 국회의사당으로 향했지요. 단단한 각오만큼 발걸음도 씩씩했어요.

그런데 막상 국회의사당을 마주하자 가슴이 쿵쾅쿵쾅 뛰었어요. TV에서만 보던 건물은 엄청나게 크고 웅장했어요. 건물 꼭대기에서 펄럭이는 스웨덴 국기는 너무나도 높아 보였어요. 게다가 곳곳에 위치한 경호원들의 시선이 일제히 자신을 향하는 것만 같았지요.

• 매주 금요일, 기후를 위한 등교 거부 1인 시위 중인 그레타 툰베리.

'괜찮아, 난 해내고 말 거야.'

그레타는 스스로 다독였어요. 그리고 국회의사당 앞 광장 한가운데에 섰어요. 연습한대로 팻말을 앞에 들고 두 눈엔 잔뜩 힘을 주었어요. 30도가 넘는 높은 기온 탓인지 거리는 한산했어요. 가끔 지나가는 사람들이 있었지만, 그레타에게 눈길 한 번 주지 않았어요.

"기후 변화 문제에 관심을 보여 주세요!"

그레타는 크게 소리쳐 보았어요. 하지만 한 시간이 지나고 두 시간이 지나도록 아무도 그레타를 신경 쓰지 않았어요. 어느새 온몸은 땀으로 흠뻑 젖었고, 팻말을 든 팔이 저렸어요. 벌을 받는 것처럼 다리도 후들거렸어요. 어디선가 친구들의 비웃음 소리가 들려오는 듯했지만 그레타는 한순간도 팻말을 내려놓지 않았어요.

하지만 하교 시간에 맞춰 정해놓은 3시가 되도록 아무런 일도 일어나지 않았어요. 집으로 돌아가는 그레타는 '다음 주는 다를 거야'라고 자신을 다독였지요. 하지만 다음, 또 다음 금요일에도 그레타는 어깨를 축 늘어뜨리고 집으로 돌아가야 했어요.

그리고 얼마 후, 국회의원 선거가 열리는 날이었어요. 국회의사당이 오랜만에 사람들로 북적였어요. 기자로 보이는 사람들도 눈에 띄었지요. 그리고 국회 광장 한가운데 그레타가 있었어요. 그레타는 지나가는 사람들에게 직접 만든 전단을 나눠 주었어요.

"탄소 배출량을 줄여야 합니다. 정부의 대책을 요구해 주세요."

대부분의 사람은 귀찮다는 듯 지나쳐갔지만, 그레타는 꿋꿋이 제자리를 지켰어요. 햇볕이 쨍쨍 내리쬐는 탓에 머리가 어지러울 지경이었어요. 정신마저 아득해지려는 그때, 귓가에 다정한 음성이 들려왔어요.

"음……. 학생인가, 중학생?"

윤이 나는 구두와 빳빳한 정장을 차려입은 한 남자가 그레타를 내려다봤어요. 옷깃에는 금배지가 빛나고 있었지요. 국회의원이 분명했어요.

"저는 그레타 툰베리라고 합니다. 중학생이고요."

"아까부터 여기에 서 있었지? 날이 더운데 고생이 많구나."

그의 시선이 그레타의 팻말을 살피더니 이마를 잠시 찌푸렸어요.

"훌륭한 생각을 하고 있구나. 그런데 학생이 수업을 빼먹으면 안 되지. 그렇지?"

그리고 그레타의 머리를 한 번 쓰다듬더니 재빨리 돌아섰어요. 그레타는 이대로 그를 보내선 안 된다는 생각이 번뜩 스쳤어요.

"미래가 사라질지도 모르는데 학교가 무슨 의미가 있나요?"

그레타의 날 선 목소리에 돌아선 남자의 등이 움찔했어요.

"스웨덴은 점점 더 뜨거워지고 있어요. 그런데 정치인들은 이걸 막기 위해 무얼 하고 있나요? 제가 학교 수업을 거부하는 건 어른들이 우리 미래를 망치고 있다는 걸 알리기 위해서입니다."

그레타의 외침은 강하고 단호했어요. 광장 곳곳에서는 박수가 터져 나왔고, 배지를 단 남자는 서둘러 국회의사당을 빠져나갔지요.

미래를 위한 금요일

다음 날 아침, 그레타는 깜짝 놀랐어요. 주요 일간지에 스웨덴의 심각한 기후 문제를 다룬 기사가 쏟아진 거예요. 그레타의 1인 시위 모습과 함께 말이에요. 곧장 기자들의 인터뷰 요청과 함께 친구들의 응원도 이어졌어요.

"지난번엔 내가 말이 심했지? 다음 금요일엔 함께 나가도 될까?"

"우리도 팻말을 만들어 보려고 해. 어떤 문구가 좋을지 네가 골라 줄래?"

"고마워, 같이 골라 보자!"

다음 금요일 시위에는 많은 학급 친구들이 참여했어요. 다양한 문구의 팻말도 등장했죠.

기후 변화는 지금, 학교 숙제는 나중에!
기후를 바꾸지 말고 시스템을 바꿔라!

• 그레타 툰베리의 영향으로 기후 변화 항의 시위는 세계적으로 번져갔다.

어른들이 어린아이처럼 군다면 아이들이 나서야 한다!
어른들이 미래를 훔치고 있다!

학생들의 시위 모습은 많은 사람들 눈길을 끌었어요. 지나가던 사람들은 발걸음을 멈추고 그레타와 친구들의 모습을 휴대전화로 촬영했지요. 이 장면은 SNS를 통해 전국으로 퍼져 나갔어요. 수업을 거부하고 시위에 나선 그들에게 '#미래를_위한_금요일'이라는 해시태그가 붙여지며 더욱 주목을 받았지요. 얼마 후, 그레타의 1인 시위는 중학생, 고등학생까지 참여하는 대규모 집회가 되었어요. 기후 변화의 심각성을 깨닫게 된 해외 학생들에게도 빠르게 전파되었지요.

마침내 그해 연말, 스웨덴 100여 개 도시를 비롯해 프랑스, 캐나다, 영국 등 유럽 전역에서 초·중·고교생이 동시에 참여하는 집회가 열렸어요. 그들은 그레타처럼 금요일 하루, 학교에 결석계를 내고 기후 변화에 항의하는 시위에 나섰어요. 거리를 행진하는 수많은 학생을 향해 어른들은 지지의 박수를 보냈어요. 동시에 학교 수업을 거부하는 것을 우려하는 목소리도 적지 않았죠. 특히 영국의 메이 총리는 입장문을 발표하기도 했어요.

'학생들의 시위는 배움의 시간을 낭비하는 일입니다. 나중에 과학자, 엔지니어, 변호인들이 되어서 얼마든지 환경 문제를 다룰 수 있습니다.'

그레타는 이에 지지 않고 SNS를 통해 응답했어요.

'어쩌면 맞는 말인지도 모릅니다. 그런데 정치 지도자들은 아무것도 하지 않은 채 30년을 낭비했어요. 그게 좀 더 심각한 문제 아닐까요?'

그레타의 답은 4만 명이 넘는 사람들의 '좋아요'를 받았어요. 무엇보다 보람된 일은 부모님의 칭찬이었죠.

"그동안 수많은 정치인이 한 것보다 지난 반년 동안 네가 한 일이 훨씬 더 많은 변화를 가져왔어. 정말 대견하구나."

더욱 용기를 낸 그레타는 금요일 시위를 꾸준히 이어가고 있어요. 우리의 미래를 스스로 지키는 일이니까요.

 ## 반가워, 그레타!

Q 너의 끈기와 인내심에 깜짝 놀랐어. 이렇게 끈질기게 기후 문제에 매달린 이유가 있어? 나라면 진즉 포기했을 것 같은데…….

A 내가 기후 문제의 심각함을 깨달았을 때가 8살이거든. 난 이미 아스퍼거 증후군을 앓고 있었어. 남들보다 사회 적응이 조금 늦은 병이라고 할 수 있는데, 대신 친구들과 어울릴 시간에 혼자서 기후 공부에 집중했고, 기후 변화를 막기 위해 무슨 일이든 하고 싶다는 소망을 키웠어.

Q 세계적인 지도자들 앞에서 당당히 연설하는 모습을 봤어. 떨리지 않았어?

A 난 미래 세대를 대표하는 자리이기 때문에 더욱 잘하려고 노력해. 그래야 환경 문제에 무심한 어른들이나 특히 정치인들에게 우리의 진심을 알릴 수 있으니까. 최근에 유엔 정상회의에 참석하면서 정말 많은 준비를 했는데, 다행히 전 세계에 기후 문제를 알릴 수 있었어. 유엔 정상회의 때와 영국 의회에서 발표한 내 연설을 한번 들어 볼래?

"여러분은 헛된 말로 저의 꿈과 어린 시절을 빼앗았어요. 사람들이 고통 받고 있습니다. 죽어가고 있어요. 생태계 전체가 무너져 내리고 있습니다. 그런데 어른들이 하는 이야기는 모두 돈과 성공, 그 뿐입니다. 어떻게 그럴 수 있나요? (중략) 모든 미래세대의 눈이 여러분을 향해 있습니다. 여러분이 우리를 계속 실망시킨다면 우리는 결코 용서하지 않을 것입니다."
 — 2019년 유엔 정상회의 연설문 중

• 영국 의회에서 연설하는 툰베리

"2030년 저는 26살이 됩니다. 제 동생은 23살이 되고요. 여러분의 아이나 손자들과 마찬가지겠지요. 모두가 좋은 나이라고 합니다. 한창일 때라고요. 하지만 저는 그때가 정말 좋을지 잘 모르겠습니다. 어쩌면 우리에겐 남아있는 미래가 없을지도 모르거든요. 2030년 즈음엔, 지구는 사람들이 더는 손쓰지 못할 상태에 이를지 모릅니다. 우리가 알고 있는 문명의 종말로 향해 가고 있을 가능성이 높습니다. 이산화탄소를 50% 이상 줄이는 것을 포함해 전 세계가 지구를 위한 노력을 제때 기울이지 못하면 말이죠."
 — 영국 의회 연설문 중

Q 노벨 평화상의 주인공이 되기를 바랐는데, 놓쳐서 아쉽지 않아?

A 나의 운동은 상을 받기 위한 게 아니니까. 난 사람들에게 지구의 위기를 알리는 데 더욱 집중할 생각이야.

Q 탄소 배출을 줄이자는 메시지를 전달하기 위해서 또 어떤 노력을 하고 있어?

A 그동안 여러 나라에서 연설 요청을 받을 때마다, 기차로 갈 수 없는 곳은 '환경을 위해 가지 못합니다.'라고 정중히 거절해 왔어. 탄소 배출의 주범인 비행기 이용을 줄이자는 의미였고, 실제 스웨덴의 비행기 탑승객이 꾸준히 줄어드는 놀라운 성과를 내기도 했지. 최근엔 탄소를 전혀 내뿜지 않는 소형 태양광 요트를 타고 대서양 횡단을 하는 데 성공했어. 영국에서 출발한 요트가 미국 뉴욕 맨해튼 부두에 도착하기까지는 비행기보다 많은 시간이 걸렸지만, 환경 오염을 줄이자는 내 메시지를 전달할 수 있다면 앞으로도 놀라운 일들을 보여 줄 생각이야.

Q 한국에서도 금요일 시위에 참여하는 청소년들이 생겨나고 있어. 그들에게 해줄 말이 있을까?

A 먼 한국에서도 내 뜻에 동참해 준다니 정말 기뻐. 하지만 이 운동은 이미 영향력이 강해져서 학교 수업을 꼭 빠지지 않더라도 우리의 목소리를 알릴 방법은 많다고 생각해. 다만 기억해야 할 점은 분명한 메시지를 전달해야 한다는 거야. 나의 경우엔, 스웨덴 정부의 정책이 〈파리기후협약〉에 맞춰 평균 기온 상승 폭을 줄일 때까지 금요일 시위를 계속할 계획이야. 마찬가지로 한국의 상황에 따라 적절한 목표를 세운다면 더욱 큰 효과를 기대할 수 있을 거야.

지구를 괴롭히는 기후 변화

• 지구 온난화로 심각한 자연재해가 늘어나고 있다.

기후 변화란?

20세기 들어 지구는 기온 상승이 뚜렷하게 나타나고 있어요. 특히 이산화탄소, 메탄, 염화불화탄소 등의 온실가스가 지구 온난화에 큰 영향을 미치고 있지요. 이산화탄소는 주로 화석 연료를 사용하는 과정에서 발생해요. 또, 소나 양 등 가축의 배설물과 쓰레기 매립장 등에서 많은 양의 메탄이 발생하죠. 학자들은 온실가스 방출을 줄이지 않으면 앞으로 30년 이내에 지구 온도가 0.6도 상승할 것으로 예측하고 있어요. 이제 2040년이면 북극 얼음은 모두 녹아 버릴 것이며, 급속한 지구 온난화 때문에 격렬한 폭풍과 홍수 등 자연재해가 늘어날 수 있다고 해요. 기후 변화 영향에 따른 인명 피해뿐 아니라 경제적 피해에 대한 경고는 결코 먼 미래의 일이 아니랍니다.

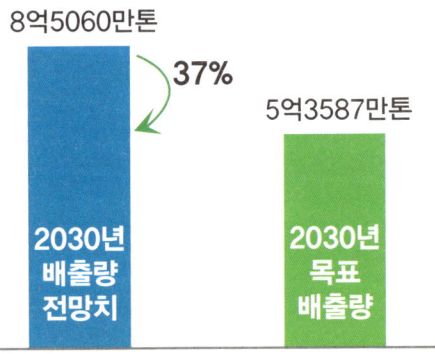
• 우리나라는 2030년까지 탄소 배출량을 37% 줄이기로 했다.

기후 변화와 대한민국의 미래

한국 인구는 세계 인구의 1%도 되지 않지만, 세계 9위의 이산화탄소 배출 국가예요. 세계 여러 나라가 맺은 파리기후협약에 따라 우리나라도 2030년까지 탄소 배출량을 온실가스 배출전망치 대비 37% 줄이기로 약속했지요. 하지만 국내 이산화탄소 배출량은 30년 전보다 180%나 늘었다고 해요. 세계 환경단체들은 한국을 '기후 악당'이라고 비판하고 나섰어요. 다행인 것은 최근 들어 정부가 '2030 국가 온실가스 감축안'을 확정하고 2030년까지 사업, 건물 등 8개 부문에서 온실가스 2억 1,900만 톤을 줄이기로 목표를 세웠어요. 정부의 적극적인 노력만큼 개개인 또한 온실가스 감축을 위한 실천을 기울여야 할 때에요.

지구 온난화를 막는 방법

– 실내 온도, 여름엔 28도 겨울엔 20도로 유지합니다.
  냉난방 온도를 1도 조정하면 연간 128kg의 이산화탄소를 줄일 수 있어요.

– 걷기, 자전거 타기, 대중교통 이용을 생활화합니다.

– 일회용 봉지 사용을 줄이고 장바구니를 애용합니다.
  일회용 비닐봉지가 분해되는 데는 100년 이상의 시간이 걸려요.

– 쓰레기를 줄이고 반드시 분리 배출합니다.
  플라스틱 쓰레기 1kg을 재활용할 경우 약 1kg의 이산화탄소 발생을 줄일 수 있어요.

– 쓰지 않는 전자 제품의 전기 플러그를 뽑습니다.

– 수도꼭지를 잠그고 물을 아껴 씁니다.
  샤워 시간을 1분 줄이면 이산화탄소도 4.3kg 줄어들어요.

이름: 유스라 마르디니 | 국적: 시리아아랍공화국
특이사항: 2016년 리우 올림픽, 2019년 광주 세계수영선수권대회 출전
특명: 세계 대회를 통해 시리아의 현실을 알려라!

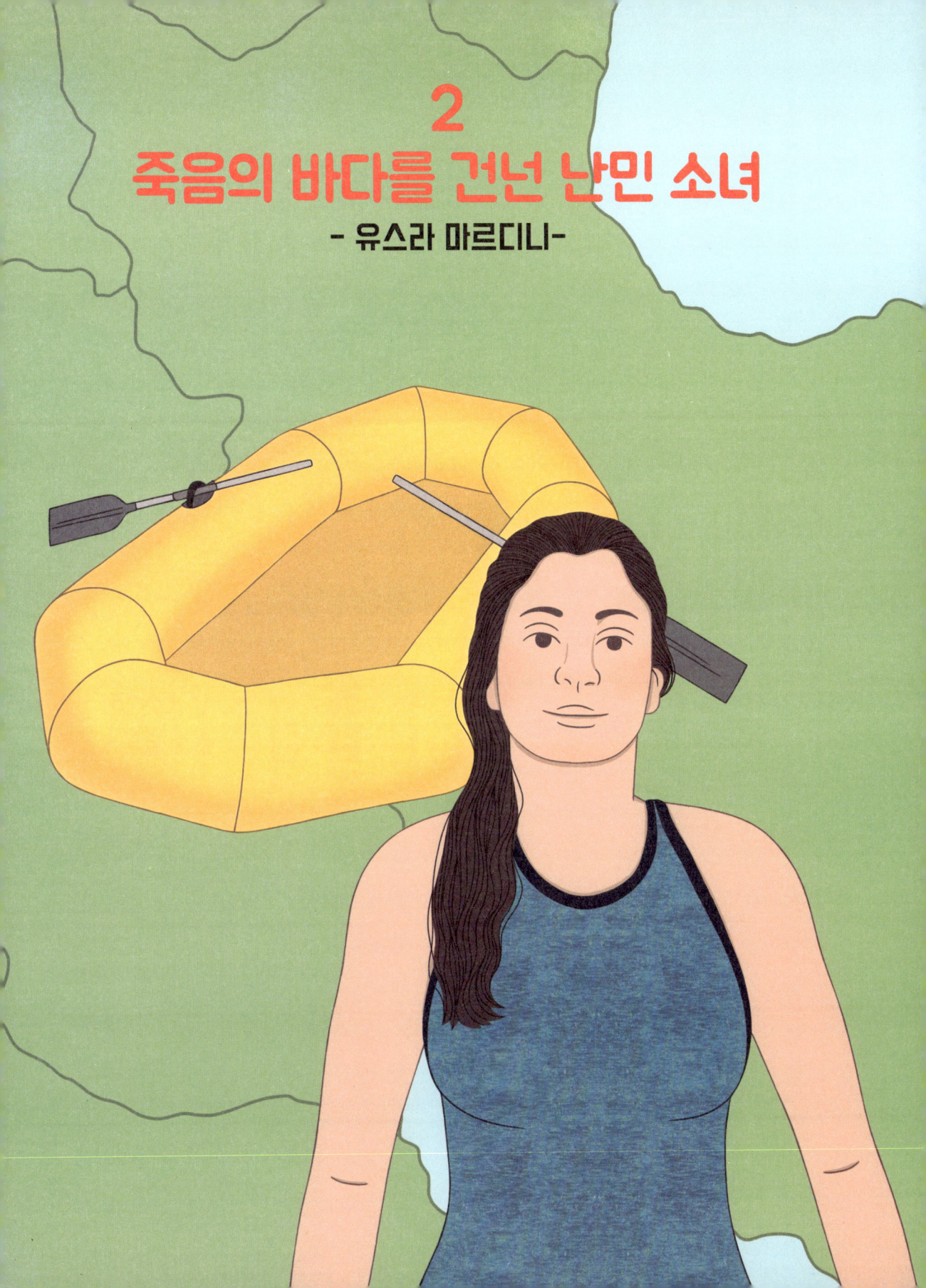

2
죽음의 바다를 건넌 난민 소녀
- 유스라 마르디니 -

> 모든 난민을 대표해 고통과 폭풍의 시기가 지나면
> 평온한 날들이 찾아온다는 것을 보여 주고 싶습니다.
> 난민들이 살아가면서 좋은 일을 할 수 있도록
> 그들에게 영감을 주고 싶습니다.

유엔난민기구(UNHCR)와의
인터뷰 중에서

전쟁의 땅, 시리아

"아빠, 엄마! 저 리우 올림픽에 출전하고 싶어요."

유스라는 조심스럽게 말을 꺼냈어요. 어느 때보다 간절한 눈빛이었지요. 하지만 부모님은 당혹스러운 표정을 감추지 못했어요. 아빠가 낮은 목소리로 말했어요.

"유스라, 전쟁 중인 시리아는 내년 올림픽에 참가할 수 없을 거야."

"그래, 언제 포탄이 떨어질지 모르는 수영장에 널 보낼 수는 없어."

엄마는 안타까움에 긴 한숨을 내쉬었어요.

국가 대표를 목표로 훈련하던 유스라는 두 번이나 수영장을 잃었어요. 수영장 지붕에 포탄이 떨어지는 바람에 동료 선수 두 명이 세상을 떠나기도 했지요.

시리아의 끔찍한 불행은 2011년부터 시작됐어요. 40년간 이어진 독재 정부에 불만이 쌓인 시민은 정부를 무너뜨리려는 반군을 결성했고, 시리아 정부는 군대를 동원해서 반군을 억눌렀어요.

계속되는 내전으로 많은 시리아 사람들이 목숨을 잃거나 몸에 상처를 입었어요. 또 언제 닥칠지 모르는 총격의 공포에 떨어야 했지요. 유스라와 친구들은 마음 편히 학교도 갈 수 없었어요.

"시리아는 더 이상 희망이 없어요. 하지만 이대로 포기하고 싶지는 않아요. 그래서 언니랑 방법을 고민해 봤어요. 저희, 난민이 되려고 해요."

"유스라와 독일로 갈게요. 허락해 주세요."

함께 수영을 했던 사라도 단단히 결심한 표정으로 거들었어요.

"뭐? 난민이 되겠다고?"

부모님은 놀란 얼굴로 서로를 바라보았어요. 난민이란 다양한 이유로 자기가 살던 나라를 떠나는 사람들을 말해요. 실제로 오랜 내전과 폭력을 견디다 못해 시리아를 떠난 난민 숫자는 500만 명에 이르고 있었어요.

"간절한 마음은 알지만 어린 너희를 보낼 수 없어. 너무 위험한 길이야."

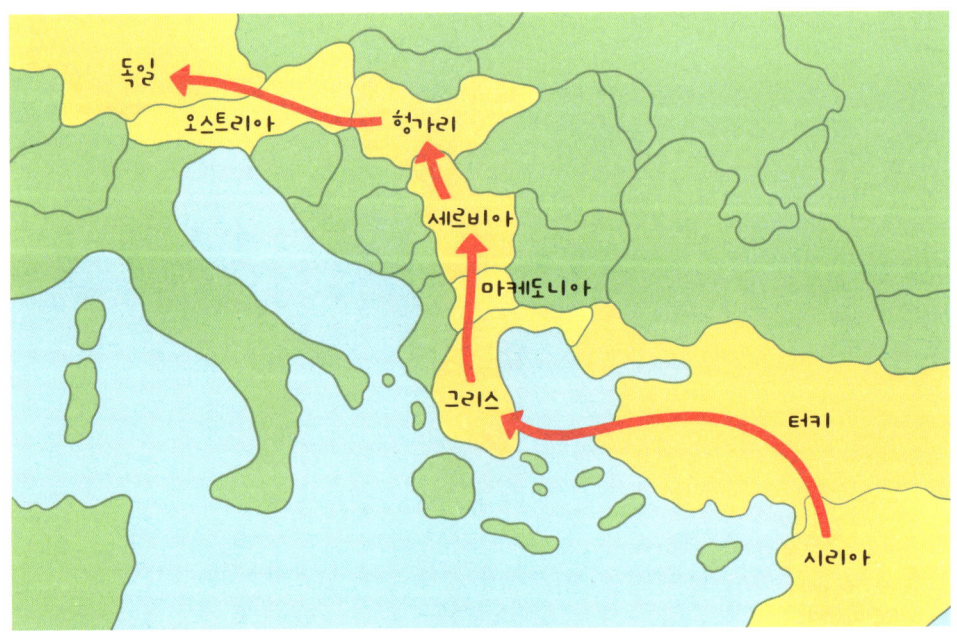

• 시리아에서 독일까지 가려면 최소한 6개의 나라, 3,200km를 목숨 걸고 이동해야 한다.

네 살배기 여동생을 품에 안은 엄마가 말했어요.

"그래, 아빠 생각에도 자헤드가 좀 더 크고 난 후에 다 같이 떠나는 게 좋겠어."

당장 어린 동생을 데리고 다섯 가족이 함께 움직이기는 위험하다는 걸 자매도 잘 알고 있었어요. 독일까지 가려면 이웃 나라 터키부터 그리스, 마케도니아, 세르비아, 헝가리, 오스트리아까지 최소한 6개 나라를 거쳐야 해요. 몇 차례나 죽을 고비를 견디며 3,200km를 이동해야 하는 매우 길고 위험한 여정이지요. 그렇지만 무사히 도착한다면 독일은 유럽에서 가장 적극적인 난민 정책을 펼치는 데다 수영 훈련을 이어가기에도 좋은 시설과 코치가 많은 나라예요.

"다음 올림픽이 일 년여 밖에 남지 않았어요. 이번 기회를 놓치고 싶지 않아요."

유스라가 더욱 힘주어 말했어요.

"휴, 아빠도 네가 이번 올림픽에 출전하길 기대했지. 하지만 지금 상황은 어쩔 수가 없구나."

자매에게 수영을 처음 가르쳐 준 사람은 아빠였어요. 수영 코치였던 아빠는 누구보다 딸들의 재능을 잘 알고 있었기 때문에 훈련할 수 없는 현실을 늘 안타까워했어요.

"아빠, 지금 제 목표는 올림픽 메달이 아니에요. 저는 시리아 전쟁을 하루빨리 멈추게 하고 싶어요. 올림픽에 나가서 우리 현실을 알린다면 다른 나라의 도움을 받을 수 있지 않을까요? 국가대표라고 불리던 제가 해야 할 몫이라고 생각해요."

아빠는 유스라를 꼭 끌어안아 주었어요. 유스라는 가족과 나라를 위해서 자신의 다짐을 꼭 지켜내겠다고 다짐했지요.

그리스로 가는 고장 난 보트

얼마 후, 시리아를 떠난 자매는 터키의 한 해변에 도착했어요. 에게해를 건너 그리스의 레스보스 섬까지 데려다 줄 배를 타는 곳이었지요. 하지만 난민들에게 배를 타는 일은 쉽게 허락되지 않았어요. 자칫 해안 경찰에게 신분을 들켰다가는 감옥에 갇힐 수도 있어서 해변 근처 숲에서 숨어 지내야 했어요. 하지만 경찰의 경비는 좀처럼 틈이 보이지 않았고, 숲에서 지낸 시간은 나흘이 지나갔어요.

빵도 물도 다 떨어지고서야 배를 탈 수 있다는 연락이 왔지요. 유스라와 사라는 손을 맞잡고 항구로 달려갔어요. 그곳엔 배가 아닌 작은 고무보트가 있었어요. 하지만 자매는 걱정할 새도 없이 나눠 주는 구명조끼를 받아들었어요. 사방이 뜯어지고 헐거운 조끼를 입고 고무보트에 올랐

• 작고 낡은 고무보트에 많은 사람이 무리해서 타고 가는 바람에 바다 위에서 목숨을 잃는 난민이 매우 많다.

지요. 7인승이라는 글씨가 흐릿하게 남아있는 보트에는 20명의 난민으로 빼곡했어요. 사방이 깜깜한 밤이었지만, 조명 하나 없이 도망치듯 보트가 출발했지요.

"그리스까지 무사히 도착할 수 있겠지?"

무릎 위에 올려놓은 가방을 꼭 끌어안은 채 사라가 말했어요.

"한 시간 반만 달리면 되잖아……. 괜찮을 거야."

유스라의 목소리가 가늘게 떨렸어요. 그리곤 언니의 구명조끼 허리끈을 한 번 더 조였지요. 걱정과 달리 보트는 거친 파도를 뚫고 빠르게 달렸어요. 매서운 바닷바람이 뺨을 때렸지요.

'독일에 가면 꼭 열심히 해서 올림픽에 나갈 수 있는 선수가 되어야지. 그래서 나를 응원하는 부모님, 그리고 시리아 사람들에게도 용기를 줄 거야. 난 할 수 있어!'

멀어지는 터키 해안을 바라보며 유스라는 가슴이 벅차올랐어요.

그렇게 에게해를 달린 지 30분쯤 지났을 때였어요. 시끄럽던 엔진 소리가 서서히 잦아드는가 싶더니 난민들이 웅성거리기 시작했어요.

"뭐야? 왜 갑자기 멈춘 거야? 아직 한 시간은 더 가야 할 텐데!"

"앗, 물이 들어오고 있어. 보트가 가라앉고 있나 봐!"

유스라의 발밑에도 물이 서서히 차오르고 있었어요. 놀란 사람들이 몸을 일으키자 기우뚱거리는 보트는 금방이라도 뒤집힐 것만 같았어요. 그러자 배를 운전하던 선장이 다급하게 외쳤어요.

"모터 고장입니다! 짐을 모두 바다로 버려 주세요. 빨리!"

말이 끝나기 무섭게 난민들은 가지고 있던 가방 등을 모조리 보트 밖으로 던졌어요. 유스라와 사라도 옷 몇 벌이 전부인 배낭을 버려야 했지요. 하지만 보트는 완전히 멈춰 섰고, 순식간에 앞으로 기울었어요. 거센 바람 탓에 금방이라도 배가 뒤집힐 것만 같았어요. 잔뜩 겁에 질린 사람들은 어찌할 바를 몰랐어요.

"어떡해. 이대로 가라앉으면 모두 다 죽는 거야. 물고기 밥이 되는 거라고……."

사라가 눈물을 터트렸어요.

"울지 마, 언니. 정신 차려! 우린 수영 선수야. 우리가 할 수 있는 일을 찾아보자."

"여긴 망망대해야. 섣불리 나섰다간 더 위험해질지도 몰라."

잠시 주위를 둘러보던 유스라는 배와 연결된 밧줄을 찾아와 자신의 손목에 단단히 묶었어요. 그리고 몇 차례 심호흡하더니 차분한 목소리로 사라에게 말했어요.

"언니, 여기 있는 모두가 살아서 그리스까지 가야만 해. 그래야 각자 꿈을 이룰 수 있고, 다 같이 힘을 합쳐서 시리아를 바꿀 수 있어."

사라가 말릴 새도 없이 유스라는 차가운 바다로 몸을 던졌어요. 풍덩 소리에 놀란 사람들이 얼어붙은 자세로 유스라를 바라보았어요. 보트 밑으로 들어간 유스라는 발로 물을 차면서 어깨를 이용해 보트를 밀었어요. 하지만 보트는 꿈쩍도 하지 않았어요. 마침내 사라는 눈물을 닦고 일어나 외쳤어요.

"여기, 수영할 줄 아는 사람 없나요?"

소란스러웠던 배 안이 고요해졌어요. 자매보다 덩치가 훨씬 큰 남자 어른들도 그저 고개를 숙였지요. 그때, 여자 어른 한 명이 손을 들었어요. 자스민은 수영을 오래 배웠다고 했어요. 그렇게 사라와 자스민도 물속으로 뛰어들었고, 온 힘을 다해 팔과 다리를 저었어요. 마침내 세 사람의 힘으로 보트가 움직이기 시작했지요. 하지만 길고 긴 바다는 끝이 보이지 않았어요.

'이대로 그리스까지 갈 수 있을까? 내가 할 수 있을까?'

물을 차던 유스라의 발동작이 점점 느려지고 있었어요. 어깨가 빠질 것처럼 아파졌지요. 그때 자스민이 말을 걸어왔어요.

"무섭지 않아? 대체 어디서 이런 용기가 나왔니?"

"시리아를 널리 알려야 하니까요. 가족과 나라를 위해서라면 전 두려울 게 없어요."

"그래, 분명 네 뜻은 이뤄질 거야. 끝까지 해보자!"

자스민이 빠르게 팔다리를 움직였어요. 유스라와 사라도 더욱 힘을 내 보트를 밀었지요. 그렇게 한참의 시간이 흐르고 누군가 소리쳤어요.

"불빛이다, 섬이 보인다!"

멀리 해안에서 보트를 향해 신호를 보내고 있었어요. 난민들은 일제히 환호성을 질렀지요. 비로소 유스라는 살았다는 안도감을 느꼈어요. 마침내 보트는 무사히 레스보스 섬에 도착했지요.

"너희가 스무 명의 목숨을 구했어! 정말 수고했어!"

난민들은 고생한 자매와 자스민을 향해 뜨거운 박수를 보내 주었어요. 그리고 각자 목적지를 향해 길을 떠났어요. 유스라와 사라도 몸을 추스를 새 없이 다음 여정을 시작했어요. 그리고 시리아를 떠난 지 25일 만에 독일 난민 캠프에 도착할 수 있었어요.

리우 올림픽을 향해!

 몇 달 후, 유스라는 베를린의 한 수영장에서 땀을 흘리고 있었어요. 난민 캠프에 도착한 직후 가까운 수영장을 알아보았고, 좋은 코치 선생님도 만나게 된 거예요. 훈련에 목말랐던 유스라는 마음껏 실력을 펼쳤어요. 바다에서 어깨를 다친 사라 몫까지 최선을 다했지요. 올림픽 출전 자격을 딸 수 있을지는 알 수 없었지만, 희망을 잃지 않았어요. 체력을 다시 끌어올리기 위해 남들보다 일찍 연습을 시작해 가장 늦게 수영장을 나왔어요.

 그러던 어느 날이었어요. 코치 선생님이 유스라를 따로 불렀어요.

 "유스라, 좋은 소식이야. 이번에 올림픽 협회에서 최초로 난민 팀을 구성한대. 전 세계의 난민 선수들이 한 팀을 이뤄서 출전하는 거지. 수영 대표로 널 추천하려고 해."

"정, 정말요? 제가 리우 올림픽에 나갈 수 있다고요?"

"그러려면 올림픽 기준 기록을 통과해야 해. 남은 훈련 기간이 짧긴 하지만 최선을 다해보자."

"감사합니다. 꼭! 꼭 해낼게요!"

그날 이후, 유스라는 밤낮없이 연습에만 집중했어요. 혹독한 훈련도 이를 악물고 버텼지요. 온몸이 멍투성이가 되는 것도 아랑곳하지 않고 기록 단축에만 몰두했어요. 그 모습을 지켜보던 코치 선생님이 물었어요.

"유스라, 정말 열심히 하는구나. 그렇게 올림픽에 나가고 싶어?"

"네, 그래야 시리아의 상황을 세계에 알릴 수 있으니까요. 난민들이 얼마나 시리아로 돌아가고 싶어 하는지 알릴 수만 있다면, 머지않아 시리아

• 리우 올림픽에 난민 선수 자격으로 참석한 유스라의 모습. (두번 째 줄 중앙)

에도 평화가 찾아올 거라 믿어요."

유스라의 막힘없는 대답에 선생님도 고개를 끄덕였어요.

"그때는 시리아에 남은 가족들도 만날 수 있겠죠?"

"물론이야. 지금처럼 최선을 다한다면 분명 너에게 기회가 올 거야."

유스라는 또다시 훈련을 위해 물속으로 뛰어들었어요. 그리고 마침내 리우 올림픽 출전권을 따내게 됐지요.

다음 해 여름, 유스라는 브라질로 향했어요. 첫 일정은 올림픽의 시작을 알리는 개막식 참석이었어요. 각 나라를 대표하는 선수단이 차례로

입장했고, 유스라가 속한 난민 팀은 마지막 순서였어요. 난민 팀은 남 수단 출신, 에티오피아 출신 등 10명의 난민으로 구성되었어요. 유스라는 그중에서도 가장 어린 나이었지만 누구보다 씩씩한 걸음으로 경기장에 들어섰어요. 가슴에는 시리아 국기가 아닌 올림픽을 상징하는 오륜기를 달고 있었어요. 난민 팀 기수 또한 자기 나라 국기 대신, 올림픽을 상징하는 오륜기를 들고 있었어요. 하지만 관중들은 어느 때보다 뜨거운 박수로 그들을 환영해 주었어요. 전 세계인이 난민을 주목하는 순간이었지요. 유스라는 가슴이 벅찼어요. 그토록 바라오던 시간이었으니까요. 개막식 이후 기자들의 관심도 자연스레 난민 팀을 향했어요. 한 기자가 유스라에게 물었어요.

"역사상 첫 난민 선수로 출전하셨는데, 목표 성적이 어떻게 되나요?"

"이번 올림픽에서 제 목표는 메달이 아닙니다. 전 세계에 흩어져있는 난민들을 위해 끝까지 최선을 다하는 모습을 보여줄 겁니다. 저의 위기는 곧 난민 전체의 위기가 될 테니까요. 그리고 4년 뒤에는 시리아 국기를 달고 올림픽에 출전하고 싶습니다."

유스라의 이야기는 전 세계 뉴스를 통해 전해졌어요. 비록 가슴에 오륜기를 달고 있었지만, 많은 사람은 유스라를 시리아에서 온 선수로 기억하게 되었지요. 그리고 많은 난민에게 용기와 희망을 선사하는 멋진 경기를 펼쳤답니다.

 ## 반가워, 유스라!

Q 간절하게 꿈꾸었던 첫 올림픽 도전은 어떤 기분이었어?

A 비록 메달은 따지 못했지만, 전 세계인들이 난민을 주목한 것만으로도 많은 것을 이뤘다고 생각해. 그동안 난민을 범죄자나 도망자로 생각하고 손가락질하는 사람들 앞에서 주눅 드는 때가 많았는데, 리우 올림픽에서 우리는 정말 당당할 수 있었어. 난민도 열정과 능력을 갖춘 보통 사람들이라는 걸 확인시킬 수 있었으니까. 그래서 어깨 부상으로 정상 컨디션이 아니었지만, 2019년 광주 세계선수권대회에도 출전했지. 하루빨리 부상을 털어 내고 2020년 도쿄올림픽 출전을 위해 온 힘을 쏟을 계획이야. 모든 난민이 내게 긍정적인 힘을 받고 자신의 꿈을 이룰 수 있으면 좋겠어.

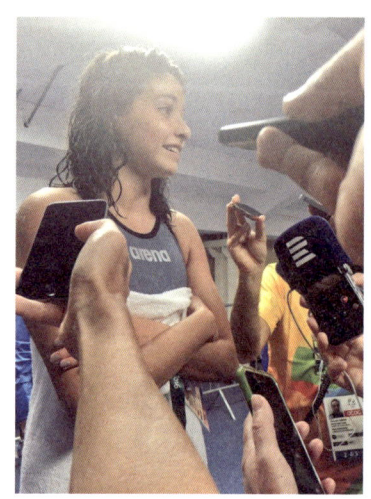

Q 시리아에서 헤어진 가족들은 어떻게 지내?

A 내가 리우 올림픽에 참가한 동안 사라는 남은 가족들을 독일로 데려오기 위해서 열심히 뛰어다녔어. 우리보다 안전한 방법으로 올 수 있기를 바랐고, 다행히도 무사히 독일에 도착해서 우리 가족은 다시 함께 살 수 있게 됐지. 우리는 현재 독일 국적을 취득했지만, 언젠가 고향 시리아에 돌아갈 수 있기를 간절히 바라고 있어. 시리아가 전쟁을 멈출 그날을 말이야.

Q 부상당했던 사라는 어때? 수영을 못하게 된 건 아니겠지?

A 바다 수영 이후 언니의 어깨 부상은 꽤 심각했어. 하지만 얼마간 수영을 할 수 없게 된 사이 언니는 새로운 일을 찾았어. 바로 레스보스 섬의 인명 구조 봉사원이 되었단다. 맞아. 우리가 바다를 건너 도착한 그 레스보스 말이야. 레스보스에 도착한 난민 아이들 사이에서 우리 자매 이야기가 꽤 유명했나 봐. 아이들이 만나고 싶어 한다는 이야기를 들은 사라는 곧장 그곳으로 향했고, 난민 구호 활동에 참여하게 됐어. 고무보트를 타고 건너오는 난민들을 직접 구조하기도 하고, 육지에 도달한 난민들에게 먼저 달려가 위로하고 희망을 주는 역할을 사라가 하고 있어. 난 언니가 자랑스러워.

Q 난민을 위해 네가 하는 일은 무엇이 있니?

A 리우 올림픽 이후에 유엔난민기구의 최연소 친선 대사로 임명받았어. 전 세계 나라의 정상들과 교황을 만나 적극적으로 난민 문제를 알리는 역할을 하고 있지. 내 인생에 중요한 두 가지 목표가 생긴 거야. 하나는 수영이고, 다음으론 난민을 위해 무엇을 할 수 있을지 항상 생각하고 있어. 전 세계 난민들은 오해와 편견 속에서 힘들게 살아가고 있어. 난민에 대한 인식을 바꾸기 위해 난 더 많이 공부하고 도전할 거야.

• 유엔 난민기구 친선 대사가 된 유스라

> 감사합니다. 끝까지 최선을 다할게요!

 고국을 잃어버린 사람들, 난민

'난민'으로 불리는 사람들

전 세계에서 집을 잃고 떠도는 난민은 현재 6,000만 명이 넘는다고 해요. 실제로 시리아 내전 때문에 한꺼번에 많은 '전쟁 난민'이 발생하면서 최근 난민 숫자가 많이 늘어났어요.

또, 정치적으로 다른 의견을 내세웠다가 박해를 받거나, 다른 종교를 믿는다는 이유로, 소수 민족이거나 여성이라는 이유로 차별을 받아서 떠나온 난민들도 있어요. 최근엔 지구 온난화로 중동과 아프리카에서 많은 사람이 생활 터전을 잃고 탈출하면서 '기후 난민' 또한 빠르게 늘어나고 있지요.

난민에 대한 오해와 편견

• 여러 국가에서 난민의 적응을 돕는 다양한 프로그램들을 실시하고 있다.

지난 2015년 터키 해안에서 한 남자아이가 엎드려 숨진 채로 발견됐어요. 아이의 이름은 아일란 쿠르디. 나이는 고작 3살이었어요. 아일란은 가족과 함께 그리스로 가는 배를 탔다가 배가 뒤집히는 바람에 안타깝게 목숨을 잃고 말았죠. 아일란 쿠르디의 비극적 죽음이 알려진 이후, 유럽 각국에서는 시리아 난민을 받아들여야 한다는 목소리가 높아졌어요. 특히 독일의 메르켈 총리는 '우리는 할 수 있다'라는 이름으로 난민들이 독일에 잘 적응하도록 다양한 교육 프로그램을 마련하고 있어요. 하지만 독일 모든 국민이 난민 정책을 찬성하는 것은 아니에요. 어떤 사람들은 "굳이 우리 세금을 써서 그들을 적응시킬 필요가 있겠느냐."라면서, "독일이 난민을 잘 받아주니까 오히려 난민들이 목숨을 걸고 탈출한다."라고 비난하기도 해요. 독일 뿐 아니라 많은 나라가 난민을 얼마나 받아들일까, 어떻게 잘 적응하도록 도울 것인가를 두고 큰 고민에 빠져 있어요.

대한민국을 찾아온 난민들

우리나라는 1992년 난민을 보호하겠다고 약속하는 〈국제 난민 협약〉에 가입했어요. 하지만 난민 숫자가 많지 않아 남의 일로만 여겨왔지요. 그런데 얼마 전 500여 명의 예멘 난민들이 한꺼번에 제주도에 들어오면서 이 난민들을 우리 사회가 받아야 하느냐, 말아야 하느냐로 찬반 논란이 뜨거웠어요. '난민들이 우리나라에서 범죄를 저지르지 않을까?' '난민이 우리 국민의 일자리를 빼앗는 건 아닐까?' 등 난민과 관련한 부정적 여론이 확산되면서 청와대 청원에는 난민법 폐지 요청이 급증하기도 했지요. 우리 사회도 이제는 난민에 대해 본격적으로 고민하고 대책을 세워야 할 때랍니다.

이름: 켈빈 도우 | 국적: 시에라리온
주특기: 라디오 수리하기
특명: 시에라리온 국민이 자유로이 전기를 사용할 수 있게 도와라!

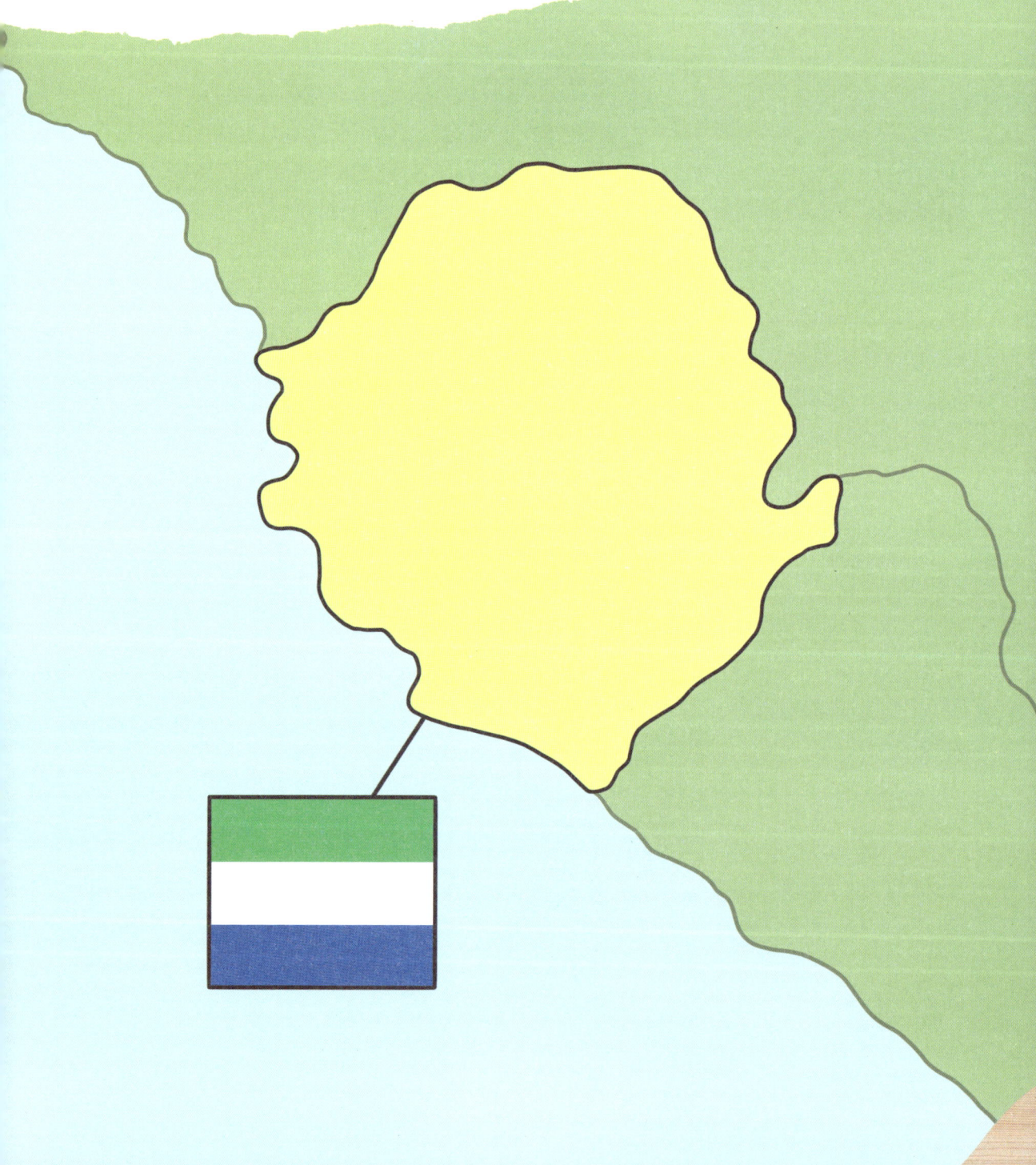

> "나는 내 국가를,
> 그리고 내 사람들을 사랑합니다."

켈빈 도우

에볼라가 덮친 마을

"그만 좀 돌아다니렴. 전염병이 무섭지도 않니?"

해가 지고 나서야 집에 들어오는 도우를 향해 엄마가 말했어요. 게다가 도우의 손에는 제 몸집만 한 자루가 들려 있었지요.

"세상에나, 또 쓰레기 주워 온 거야? 이번엔 또 뭘 만들려고?"

"헤헤, 에볼라에 도움이 될 만한 걸 한번 연구해 보려고요."

얼마 전 아프리카에는 '에볼라'라고 불리는 전염병이 퍼졌어요. 몇 달 사이 시에라리온에서 감염된 사람만 해도 수천 명에 이르고, 열 명 중 아홉 명이 목숨을 잃는 무시무시한 병이었어요. 신체 접촉을 통해 전염될 수 있어서 정부에선 가급적 집 밖에 나오지 않도록 당부하고 있었지요. 학교마저 문을 닫게 되자, 누나 마라는 얼마나 많이 울었는지 몰라요.

"흑, 흑……, 당분간 학교를 병원으로 쓸 거래요. 언제 다시 수업이 시작될지 알 수 없대요."

"한꺼번에 많은 감염자가 생기니 어쩔 수 없겠지……. 어서 에볼라가 지나가기를 기다려 보자."

엄마가 애써서 달래 보았지만 마라의 눈물은 그치지 않았어요.

"이러다 영영 공부를 못 하게 되면 어떻게 해요?"

누나는 열심히 공부해서 의사가 되고 싶어 했어요. 도우도 누나가 꿈을 이루길 바랐죠. 그래서 누나에게 도움이 될 만한 무언가를 만들 수 없을까 고민했어요. 유난히 호기심이 많았던 도우는 무언가 연구하고 만들기를 좋아했거든요. 고장 난 라디오를 분해하고 속을 들여다보면서 그 원리를 스스로 이해하고 새것처럼 고쳐놓곤 했죠.

얼마 전에는 엄마와 누나를 깜짝 놀라게 한 발명을 해내기도 했어요. 그 또한 쓰레기장에서 시작되었지요.

쓰레기로 만든 배터리

도우가 사는 마을에는 전기가 일주일에 하루밖에 들어오지 않아요. 세계에서 가장 가난한 나라로 손꼽히는 만큼 먹을 것도 마실 물도 모든 것이 부족했지만 전기가 없는 불편함은 상상을 초월했어요. 전깃불을 켤 수 없으니 저녁 7시만 되어도 모두가 하던 일을 멈춰야 했지요. 잔뜩 일감을 가져온 엄마는 바느질하던 손을 멈춰야 했고, 공부하던 마라도 책장을 덮을 수밖에 없었어요.

"전기만 있다면 바느질을 더 해서 먹을 것을 살 수 있을 텐데……."

"밤늦게까지 공부해 보는 게 내 소원이야."

입버릇처럼 푸념하는 엄마와 누나를 위해 도우가 일을 시작했어요. 낡은 자전거에서 쇠붙이들을 자르거나 제멋대로 뒤엉킨 선신을 풀다 보면

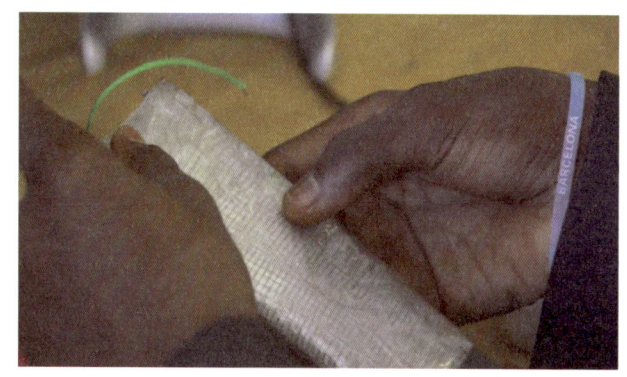

• 쓰레기장에서 찾아 낸 재료로 자체 배터리를 만들어 낸 켈빈 도우.

양팔이 욱신거리기도 했지만, 마치 보물찾기라도 하듯 신나기만 했어요. 간혹 지나가던 아이들이 놀리는 일도 있었지요.

"저기 좀 봐. 도우가 또 쓰레기를 뒤지고 있네?"

"학교 끝나자마자 부리나케 뛰어가더니. 쟤 좀 이상해."

아이들은 일제히 낄낄대며 웃었어요.

하지만 도우는 마라가 보던 낡은 과학책을 몇 번이나 읽으며 연구에 몰두했고, 마침내 금속과 산 그리고 소다를 더하면 전기가 발생한다는 원리를 알게 되었지요. 물론 여기에 필요한 쇠붙이나 소다수는 모두 쓰레기장에서 찾아왔어요.

하지만 전기를 얻는 일은 망가진 라디오를 고치는 것보다 수백 배는 더 어려웠어요. 몇 날 며칠을 씨름하던 끝에 금속과 산, 소다를 테이프로 단단히 감았더니, 손끝에 찌릿한 무언가가 느껴졌어요. 그리고 전구에 반짝하고 불이 켜졌지요. 마라의 눈이 휘둥그레지더니 꺅 소리를 질렀어요.

"세상에! 이게 무슨 일이야? 너 여기다 뭘 한 거야?"

"내가 만든 자체 배터리랑 전등을 연결한 거야. 이제 집에 전기가 들어오지 않는 날에도 불을 켤 수 있어. 누나는 공부를 할 수 있고 엄마는 밤늦게까지 바느질을 할 수 있다고!"

"어쩜, 난 그런 줄도 모르고……. 우리 아들 정말 대견하구나!"

쓰레기로 만든 도우의 배터리는 어두운 마을 곳곳을 환하게 밝혀 주었어요. 비록 전등이나 소형 라디오에 사용할 수 있는 작은 배터리였지만, 도우를 놀리던 친구들도 어떻게 쓰레기로 배터리를 만들었냐며 엄지를 치켜세웠지요. 도우는 어깨가 으쓱했어요. 그러나 얼마 뒤 에볼라의 공포가 온 마을을 휩쓸게 될 줄은 꿈에도 몰랐지요.

새로운 발명이 필요해!

에볼라 때문에 학교에 가지 못하게 된 어느 날, 도우는 여느 때처럼 쓰레기장에 갔다가 깜짝 놀랐어요. 꾀죄죄한 몰골의 어린 애들 수십 명이 쓰레기 더미를 헤집고 있었거든요.

"이리 줘, 이건 내 거야!"

"저리 비켜, 내가 먼저 찾았단 말이야."

버려진 빵 한 쪽을 놓고 서너 아이가 몸싸움을 벌이는가 하면, 돈이 될 만한 것을 찾느라 오물을 뒤집어쓴 아이들도 있었어요. 그러다 목이 마르면 썩은 우물물에 입을 갖다 대기도 했어요.

에볼라로 부모가 죽고 고아가 된 아이들이 전염병이 돌아다니는 줄도 모르고 길거리 생활을 하고 있었지요.

'이대로 두면 아이들은 병에 걸리거나 평생 구걸을 하며 사는 신세가 될 텐데……. 아이들에게 에볼라에 대해 알려줄 방법이 없을까?'

쓰레기처럼 절망적인 현실을 바라보던 도우는 마음이 더욱 다급해졌어요. 그동안 모아 놓은 쓰레기들을 나열해 놓고 새로운 발명을 고민했지요.

'무슨 좋은 방법이 없을까? 아이들에게는 병에 대해 알려 주고, 누나의 공부도 도와줄 방법이…….'

하지만 생각이 좀처럼 떠오르지 않았어요. 잠시 머리를 식힐 겸 이웃이 부탁한 낡은 라디오를 고치기로 했지요.

"아, 스피커 연결 단자가 빠져있었네."

헐거워진 부품을 고정하기 위해 나사못을 조이자 순간 라디오 스피커에서 지지직하더니 사람 목소리가 들려왔어요. 중앙 방송국에서 송출하는 주파수가 잠시 소리를 내다 멈추었지요. 도우가 사는 곳은 워낙 변두리다 보니 정규 방송을 듣기가 어려웠어요. 그때 머릿속을 반짝하고 스쳐 가는 것이 있었어요.

'우리 마을 사람들을 위한 방송국이 있다면 이 많은 고민을 다 해결할 수 있을 텐데. 어쩌면, 내가 FM 라디오 방송국을 만들 수 있지 않을까?'

눈앞의 쓰레기 중에는 망가진 마이크, 낡은 CD플레이어, 스피커 등이 있었어요. 이것들을 가지고 라디오 송신기를 만들 계획을 세웠지요. 도우의 송신기가 방송국이 되어 마을에 전달할 내용을 주파수를 통해 내보내면, 각자 가지고 있는 라디오에서 들을 수 있게 말이에요. 전기가 부족한 마을엔 집마다 TV는 없어도 소형 라디오 한 대씩은 가지고 있었거든요. 도우는 다시 가슴이 두근거렸어요. '과연 완성할 수 있을까? 내 방송을 들어줄 사람이 있을까?' 생각하며 쓰레기를 붙잡고 며칠을 실험에 매달렸지요.

디제이 포커스의
라디오 학교

"정말 라디오에서 도우 목소리가 나온다고?"

"글쎄, 쓰레기들로 뭘 하겠어. 망신만 당하는 거 아닐까?"

마을에서 제일 큰 망고나무 아래 모인 아이들이 수군거렸어요. 도우가 분주하게 첫 라디오 방송을 준비하고 있었지요. 아이들 눈엔 쓰레기에 불과한 것들이 방송 장비로써 제 역할을 할 차례였어요. 목소리를 실어 나를 마이크부터 소리를 풍성하게 해줄 앰프, 전기를 공급할 도우의 배터리 여러 개가 준비되어 있었지요. 마치 라디오 방송국이 차려진 듯했어요.

'자, 그럼 시작해 볼까?'

도우는 크게 심호흡하고 마이크를 잡았어요. 과연 목소리가 주파수를 타고 라디오까지 전달될 수 있을지 긴장되는 순간이었어요. 숱하게 전자

• 마이크, 앰프, 배터리 여러 개를 가지고 라디오 방송을 시작한 켈빈 도우.

부품을 부수고 조립하느라 상처투성이가 된 도우의 양팔이 가늘게 떨리고 있었어요.

"아, 아. 안녕하세요. 어린이 여러분! 저는 디제이 포커스(focus: 집중이란 뜻)에요. 제가 왜 포커스냐고요? 저는 온 마음을 집중해서 이 라디오 방송국을 만들었어요. 전 집중하면 뭐든지 할 수 있다고 믿거든요! 어때요? 제 이름 괜찮나요?"

도우는 잠시 숨을 죽이고 귀를 쫑긋 세웠어요. 그때 마을 곳곳에서 환호성이 들려왔어요. 각자 위치에서 라디오를 듣고 있던 친구들의 호응이었지요. 집에서 라디오 스피커에 귀를 대고 있던 엄마와 마라도 익숙한 목소리에 절로 손뼉을 쳤어요. 떨리던 도우의 목소리에도 자신감이 실렸지요.

"자, 오늘은 여러분에게 에볼라 예방법을 알려 드릴 거예요. 제가 수업하느냐고요? 아니죠! 소피아 보건 선생님께서 나와 주셨습니다!"

그동안 도우는 여러 선생님에게 라디오 출연을 제안했지만 거절당했어요. 대부분의 어른은 도우의 라디오가 성공하리라 믿지 않았거든요. 소피아도 큰 기대 없이 이곳에 왔었지만, 이제는 흐뭇한 미소로 마이크를 이어받았어요.

"제 목소리 잘 들리나요? 저는 소중한 어린이들의 생명을 지킬 방법을 알려줄 거예요. 먼저, 철저한 손 씻기가 정말 중요해요. 외출 후에는 꼭 30초 이상 흐르는 물에 손을 씻으세요. 다음으로 익히지 않은 음식을 먹어서는 안 돼요."

소피아의 밝은 목소리가 라디오를 타고 흘러나왔어요. 의심하던 아이들도 어느새 눈빛을 반짝이며 귀를 기울였지요.

놀라운 일은 그게 전부가 아니었어요. 며칠 후, 마라는 노트와 연필을 챙겨 책상 앞에 앉았어요. 라디오를 켜 놓고 정각 1시가 되기만을 기다렸지요. 마침내 정각 시보와 함께 라디오 스피커에서는 경쾌한 목소리가 울려 퍼졌어요.

"안녕, 어린이 여러분! 그럼 수학 수업을 시작할까요?"

마라는 1시간 수업이 진행되는 동안 하나라도 놓칠세라 꼼꼼하게 받아 적었어요. 같은 시간, 이웃에 사는 수잔도 친구와 함께 수업을 듣고 있었어요. 또 건넛마을의 아이들도 찾아와 나무 그늘에 옹기종기 자리를 잡고 함께 라디오를 들었지요.

도우의 방송국은 어느새 각 과목 선생님들이 출연하는 '라디오 학교'가 되었어요. 아침엔 초등 과정, 오후엔 중등 과정을 진행했고 해당 수업을 마칠 때면 숙제를 내주는 것까지 교실 수업이나 다름없었어요. 거기에 디제이 포커스가 선곡하는 음악까지 더해져 한층 활기찬 수업이 되었지요.

수업이 마무리되려는 찰나, 우락부락한 팔뚝을 가진 아저씨와 하얀 가운을 입은 여자 한 명이 가쁜 숨을 몰아쉬며 찾아왔어요.

"에볼라 때문에 닫았던 가게를 다시 열려고 해. 사람을 구할 방법이 없었는데, 마이크를 좀 빌릴 수 있을까?"

"내일 유니세프에서 보내준 구호 물품을 나눠 줄 예정인데 시간과 장소를 방송해 줄 수 있을까?"

도우는 냉큼 마이크를 건네주었어요. 그렇게 도우의 라디오는 마을의 소식을 전하는 뉴스가 되기도 하고, 서로 필요한 물건을 사고파는 장터가 되기도 했어요. 덕분에 오랜만에 바느질 일감을 구한 엄마는 내심 흐뭇한 마음을 감추며 말했어요.

"다 좋은데 집을 쓰레기장으로 만드는 건 이제 그만하면 어떨까?"

"아니요. 저는 계속해서 제가 할 수 있는 일을 할 거예요. 뭔가를 해야만 다 같이 가난에서 벗어날 수 있으니까요."

그리고 도우는 쓰레기장으로 향했어요. 또다시 발명을 시작할 굉장한 영감이 떠올랐거든요.

반가워, 도우!

Q 디제이 포커스라는 이름 정말 멋져! '집중'이란 뜻처럼 세계의 집중을 받게 된 것 맞지?

A 내가 만든 라디오 방송국이 시에라리온의 학생 발명 대회에서 수상하면서 재능을 인정받았다고 할 수 있지. 하하, 조금 쑥스럽네. 그 후로 기적 같은 일들이 일어났는데, 어느 날 멀리 미국에서 연락이 왔어. 세계에서 다섯 손가락 안에 꼽히는 미국 MIT 대학에서 나를 초청하겠다는 거야. 열다섯의 최연소 객원 연구원이란 자랑스러운 타이틀까지 붙여 주면서 말이지! 쓰레기장이 아닌, 고급 장비들이 갖춰진 연구실을 경험해 본 그 시간을 난 결코 잊을 수 없을 거야.

Q 세상에, 미국 대학 초청이라니! 아프리카를 벗어난 기분이 어땠어?

A 집에서 16킬로미터 이상 벗어나 본 적이 없었던 내가 미국을 간다니, 가슴이 터지는 줄 알았어. 게다가 하버드 대학 강연자로 서는 기회도 있었는데, 세계에서 제일 똑똑하다는 형과 누나들이 내 발명품을 진지하게 바라보는 태도에 오히려 큰 감명을 받았지. 또, 오바마 전 대통령, 힐러리 전 국무장관과 만나서 이야기할 시간도 주어졌어. 멋진 지도자들이 나를 '아프리카의 젊은 발명가'로 불러 줬을 때는 무거운 책임감이 느껴졌어. 넓은 세계에서 배운 것들을 내 고향을 위해 쓰겠다고 다짐했지.

Q 다음은 또 어떤 발명에 도전하고 있는지 궁금해.

A 전기가 부족한 마을을 위해 '신발에 부착하는 배터리 충전기'를 만들고 있어. 사람들이 걸을 때마다 생기는 에너지로 전기를 만들기 때문에 각 가정에 무료로 전기를 공급할 수 있어. 이 전기로 휴대전화나 전기 기기를 충전할 수 있다면 훨씬 편리한 생활을 할 수 있겠지? 그다음엔 더 많은 에너지 공급을 위해 풍력 발전기를 만들 거야. 마을뿐 아니라 시에라리온 전체가 지금보다 더 나은 삶을 살 수 있는 발명을 하고 싶어.

Q 시에라리온의 어려운 상황을 이겨내고 제2, 제3의 켈빈 도우가 탄생할 수 있을까?

A 시에라리온에 돌아온 나는 고등학교 과정을 공부하면서 친구들과 함께 작은 회사를 만들었어. 단순히 돈을 벌기 위해 만든 회사가 아니라, 가난한 소년들에게 발명 재료를 제공하고 미래를 만들어나갈 자신의 능력을 찾아가게 하는 게 목표야. 최근엔 다 함께 캐나다의 한 전력 회사와 연구 및 사업 계약을 맺는 성과도 이뤄냈어. 난 우리가 시에라리온을, 더 나아가 아프리카의 미래를 바꿀 수 있다고 믿어!

함께 고민해야 할 빈곤 문제

서아프리카의 가난한 나라, 시에라리온

• 아프리카 최빈국 시에라리온에 지속적인 관심이 필요하다.

시에라리온은 세계 최대의 다이아몬드 생산국이며 철, 보크사이트와 같은 광물, 곡물, 어족 자원이 풍부한 나라예요. 그런데도 왜 아프리카에서도 가장 가난한 나라가 된 걸까요? 11년간 내전에 따른 후유증이 나라의 발전을 가로막고 있기 때문이에요.

과거 다이아몬드 광산을 서로 차지하려는 정부군과 반군 사이의 전쟁은 '피의 다이아몬드'란 말을 낳았어요. 전쟁 내내 주민들은 광산에서 혹독한 노동에 시달렸고, 채굴 수익금은 다시 무기를 사들이는 데 쓰였지요. 전쟁이 끝난 후에도 나라를 다시 일으키는 일이 쉽지 않았어요. 게다가 2013년부터 2015년까지 이어진 에볼라 사태로 서아프리카 국가에서도 가장 많은 사망자가 발생했어요. 또 잦은 산사태 등의 자연재해까지, 시에라리온은 큰 고통을 겪고 있답니다.

절대적 빈곤 vs 상대적 빈곤

• 선진국의 빈부 격차 문제는 날로 심각해 지고 있다.

여러분은 하루에 얼마의 돈을 쓰나요? 먹고 마시고 학교에 가는 비용만 해도 꽤 될 거예요. 그런데 하루 2,000원 정도의 돈으로 의식주를 해결해야 하는 사람들이 있어요. 세계 인구의 10명 중 1명이 여기에 해당하는데, 이 경우를 가리켜 '절대적 빈곤'이라고 해요.

그런데 빈곤이 가난한 나라만의 문제일까요? 이가 아픈데 돈이 없어서 치과 치료를 포기한다거나, 집값이 너무 비싸서 이사를 못가는 사람들은 가난하다고 느낄 수 있어요. 이처럼 의식주는 해결할 수 있더라도 남과 비교했을 때 느끼는 가난을 '상대적 빈곤'이라고 해요. 굶어 죽는 것도 아닌데 무슨 빈곤이냐고 할 수 있지만, 실제 해당하는 사람이 느끼는 고통은 엄청나요. 게다가 부자 나라일수록 잘 사는 사람과 못 사는 사람 사이의 차이가 크기 때문에 선진국에서도 빈곤 문제가 심각하답니다.

대한민국의 빈곤 문제
우리나라도 세계에서 가장 가난한 나라로 꼽히던 시절이 있었어요. 한국전쟁이 일어난 직후 1950년대에는 식량이 없어서 유엔을 비롯한 국제기구의 도움에 의존해야 했지요.
하지만 1960년~1980년대의 기간 동안 경제가 빠르게 성장하면서 절대 빈곤을 겪는 인구도 큰 폭으로 줄어들었고, 대한민국은 과거와 비교할 수 없을 정도로 풍요로워졌어요. 그렇다고 모두가 잘사는 나라가 되었을까요? 여전히 어려운 가정 형편 탓에 끼니를 거르는 결식아동이 전국에 40만 명이 넘는다고 해요.
이렇게 빈곤은 가난한 나라만의 문제가 아니에요. 우리가 모두 책임감을 느끼고 빈곤 문제를 해결하는 데 적극적인 관심을 가져야 한답니다.

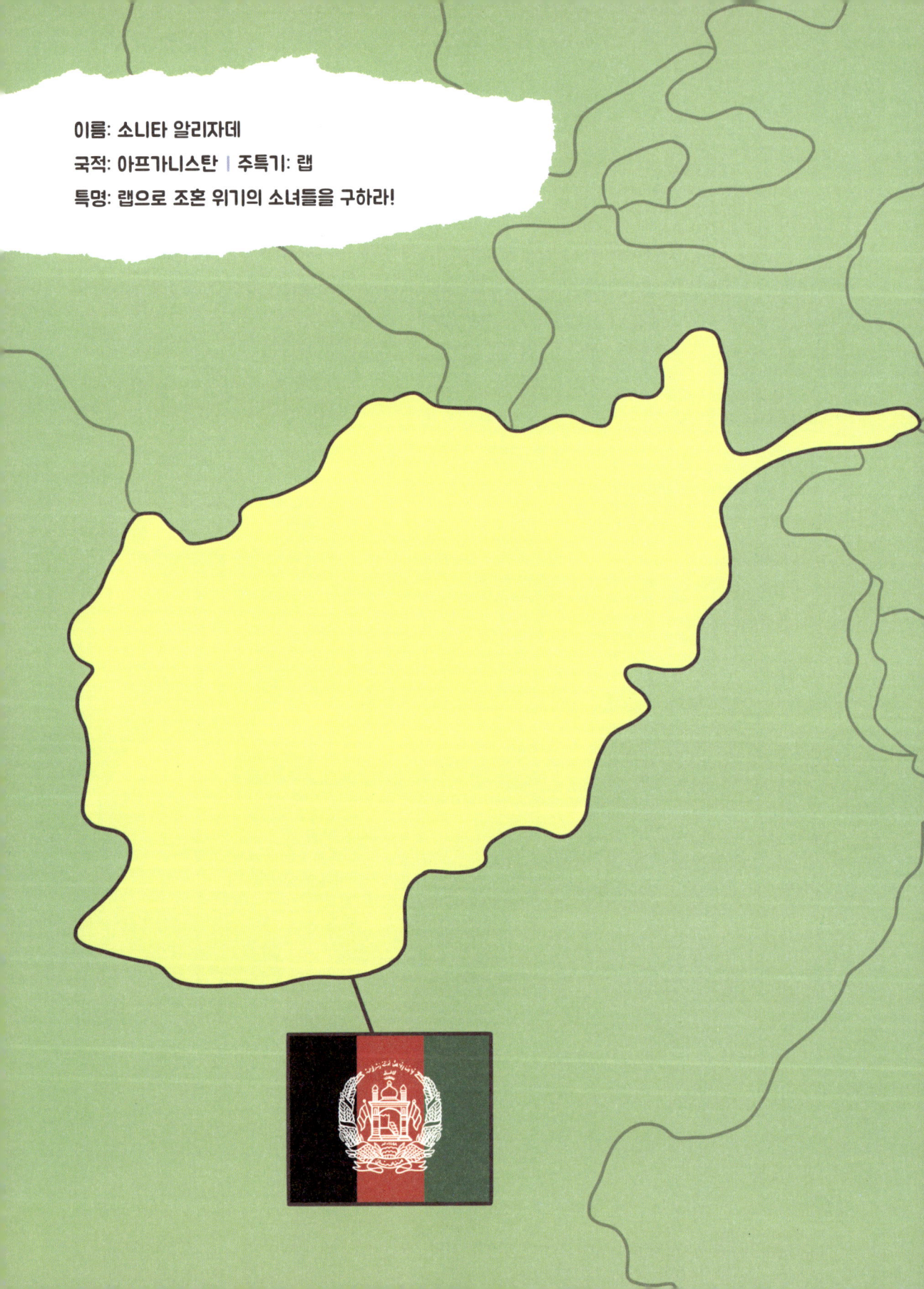

> 어린신부가 되는 것을 피한 사람으로서 저는 오늘이,
> 결혼 생활 때문에 교육과 자유를 놓친 소녀들을 기억해야 하는
> 중요한 날이라고 생각합니다.
> 우리는 소녀들이 인생에서 자신의 길을 찾지 못하게 하는
> 전통과 법을 다루기 위해 협력해야 합니다.

2016년 10월 11일 '세계 여자아이의 날'
소니타의 메시지

전 이제
아홉 살이에요

사각사각.

오늘도 소니타는 부지런히 연필을 움직이고 있어요. 오빠가 공부하던 공책 위로 글자를 덮어쓰는 것만으로도 가슴이 뛰었지요. 소니타는 아프가니스탄의 많은 소녀와 마찬가지로 학교에 다니지 못했어요.

'나도 글을 읽고 쓸 수 있다면 얼마나 좋을까?' 생각하며 글자 쓰기에 빠져있던 그때, 엄마의 벼락 같은 목소리가 들렸어요.

"소니타, 동생들 돌보지 않고 뭐하니?"

황급히 노트를 덮는 소니타의 등 뒤에 어느새 엄마가 서 있었어요. 곁눈질로 공책을 흘깃 보던 엄마는 할 말이 있는 눈치였어요.

"우리 가족에게 좋은 소식이 생겼어. 이웃 마을에 널 데려갈 만한 남자를 찾았단다."

소니타는 언뜻 엄마 말이 이해되지 않았어요.

"서른이 조금 넘은 남자래. 결혼은 한 번도 안 했고. 너를 데려가는 조건으로 우리 가족이 일 년은 먹고살 만큼의 돈을 준비하겠대. 너도 그 집에 가면 굶는 일은 없을 거야."

지난해 전쟁 중에 아빠가 세상을 떠나고 엄마와 다섯 형제만 남은 소니타 가족은 매우 가난했어요. 동생들은 배고픔을 참지 못해 울어댔지요. 그럴 때마다 엄마의 빚과 한숨이 늘어갔어요.

"엄마……. 전 이제 아홉 살이에요."

"그, 그래. 하지만 결혼을 못 할 나이도 아니란다."

"엄마랑 떨어지고 싶지 않아요. 동생들도 잘 돌볼게요. 엄마가 싫어하면 오빠 노트는 손대지도 않을 거예요. 제발 여기에만 있게 해주세요. 네?"

소니타의 애원에 엄마의 눈시울이 잠시 붉어졌지만, 소용이 없었어요.

소니타도 어렴풋이 알고 있었어요. 가족의 어려운 형편을 대신해 어린 신부로 팔려 가는 친구들이 하나, 둘 늘어가고 있었거든요. 남자가 여자의 부모에게 돈을 주고 결혼을 하는 것은 아프가니스탄에 남아 있는 오래된 풍습이에요.

돈에 팔려 간 소녀들의 결혼 생활은 아주 비참했지요. 집안일은 물론 밤낮없이 남편의 시중을 들어야 하는 노예가 되었고, 말을 듣지 않는다며 매를 드는 남편들도 허다했어요. 게다가 어린 나이에 아기를 갖게 되는 것도 크나큰 공포였어요. 완전히 자라지 못한 몸으로 아기를 낳다가 위험에 빠지는 경우가 많았기 때문이에요. 실제로 병원과 의사가 턱없이 부족한 아프가니스탄에서는 30분마다 1명의 여자가 아기를 낳다가, 또는 다른 병에 걸려서 목숨을 잃고 있어요.

소니타는 자신에게 닥칠 앞날을 떠올리자 너무 무서웠어요. 곧 죽을지도 모르는 처지라고 생각하니 온몸이 벌벌 떨렸어요.

'알라신이시여, 제 기도를 들어 주세요. 왜 딸들은 돈에 팔려 가야 하나요? 저는 죽고 싶지 않아요. 이제 겨우 아홉 살 인걸요. 제발, 제발, 제가 이 결혼을 하지 않을 수 있게 도와주세요.'

아홉 살의 소니타가 도망칠 수 있는 길은 오직 기도뿐이었어요. 매일 밤 펑펑 울며 기도를 했고, 지쳐 잠이 들면 끔찍한 악몽에 시달려야 했지요.

소녀들의 눈물이 랩으로

 간절한 기도가 신에게 닿았던 걸까요? 얼마 후, 남자는 결혼 취소를 통보했어요. 하지만 소니타의 고난은 계속됐어요. 일자리가 필요했던 엄마를 따라 아프가니스탄을 떠나야 했거든요. 힘겹게 이웃 나라 이란에 도착한 후, 소니타는 수도 테헤란의 난민 아동보호소에 홀로 남겨졌어요.
 비록 가족들과 헤어지게 되었지만 소니타는 씩씩했어요. 자원봉사자들의 도움으로 원하던 글자를 배웠고, 화장실 청소를 하며 돈도 벌 수 있었어요. 종일 허리를 굽혀야 하는 청소일이 고단하긴 했지만, 화장실에 흘러나오는 라디오 소리 덕분에 금세 시간이 흘러가곤 했어요.
 그중, 유독 소니타의 심장을 방망이질하는 음악이 있었어요. 강렬한 리듬에 맞춰 빠르게 가사를 쏟아내는 에미넴의 랩이었어요. 에미넴은 미국의 힙합 역사상 가장 유명한 래퍼예요. 그의 랩에는 가난으로 차별받았던 어린 시절 이야기가 담겨 있었지요. 세상을 향한 그의 거침없는 외침에 소니타는 푹 빠져들었어요. 마침내 웅크리고 있던 상처와 분노가 고개를 들었죠. 결혼 강요로 고통 받던 아홉 살의 기억이었어요. 그리고 생각했어요.

'내가 겪은 일도 랩을 통해서 세상에 알릴 수 있지 않을까?'

소니타는 하고 싶은 말이 많았어요. 틈나는 대로 공책에 랩을 끼적였지요.

"소니타, 이 가사는 딱 내 심정이야. 이게 바로 내가 하고 싶은 이야기라고!"

소니타의 랩을 들은 한 친구의 말이었어요. 남편에게 두들겨 맞다가 도망쳐 이란까지 오게 된 친구였어요. 그뿐만 아니라 보호소에는 임신한 몸의 어린 소녀가 들어왔고, 갑자기 부모 손에 이끌려 사라지는 소녀들도 늘어나고 있었어요.

"이대로 가만히 당하고 있을 수는 없어. 조혼이 얼마나 나쁜 범죄인지 내 랩을 통해서 세상사람 모두가 듣게 할 거야. 그때는 어른들도 우리에게 도움을 주지 않을까?"

"정말 그런 날이 올까? 우리를 도와줄 수 있는 어른들이 있을까?"

"그럼. 그러니 울지 말고 힘을 내!"

소니타는 친구들을 위로하며 더욱 용기를 냈어요. 음악을 듣고 또 들어가며 열심히 랩을 공부했죠. 가사에는 라임을 붙여 귀에 쏙쏙 들어오게 했고, 라임을 맛깔나게 잇는 리듬을 완성했어요. 거기다 친구들의 분노와 눈물이 더해져 한층 깊이 있고 절절한 노래를 만들었어요. 그리고 시간이 날 때마다 노래를 불렀어요. 화장실 청소를 할 때도 빨래를 할 때도, 길을 걷는 순간에도 소니타의 연습은 계속됐어요.

그러던 어느 날이었어요. 누군가 소니타를 만나고 싶다며 찾아왔어요.

"안녕 소니타, 나는 영화감독 로흐사레라고 해. 우연히 네가 랩 하는 모습을 보게 됐어. 너의 노래를 내 카메라에 담아 보면 어떨까?"

그는 이란의 유명한 여성 영화감독 '로흐사레'였어요. 자원봉사 차 보호소에 왔다가 소니타의 모습을 눈여겨보게 됐다고 했어요.

"네 랩에 담긴 메시지는 정말 훌륭해! 많은 사람이 너의 노래를 들을 수 있도록 뮤직비디오로 만들어 보자."

"정말요? 제 목소리가, 아니 우리 소녀들의 이야기가 뮤직비디오가 될 수 있나요?"

미소를 띤 로흐사레가 고개를 끄덕였고 소니타는 뛸 듯이 기뻤어요. 랩을 녹음하기 위해서는 어른의 도움이 절실했거든요.

"저를 사주실 수 있나요?"

"소니타, 이건 너무 위험한 시도야. 네가 다치지 않는 다른 방법을 찾아보면 좋겠어."

"나도 반대란다. 네 마음은 충분히 알지만, 경찰이 알게 되면 감옥에 가게 될지도 몰라."

보호소의 선생님들은 한사코 뮤직비디오 촬영을 말렸어요. 이란에서는 여성이 공식적인 자리에서 노래하는 것을 금지하고 있어 법적 처벌을 받을 수 있기 때문이에요.

"저도 알아요. 하지만 좋은 기회를 놓칠 수 없어요. 아무리 말리셔도 저는 할래요."

소니타의 결심은 단호했고, 결국엔 선생님들도 소니타의 뜻을 응원하기로 했어요. 더욱 용기를 얻은 소니타는 열과 성을 다해 연습에 임했어요.

그리고 촬영을 앞둔 어느 날, 밤낮없이 연습하다 지쳐있던 소니타 앞에 뜻밖의 손님이 찾아왔어요. 바로 엄마였어요. 깜짝 놀란 소니타는 엄마 품에 안겨 아기처럼 펑펑 울었어요. 오랫동안 잊고 있던 엄마 냄새가 참 달콤했지요. 모녀는 한참을 부둥켜안고 서로의 체온을 느꼈어요. 그런데 엄마가 뜻밖의 이야기를 꺼내고 말았어요.

"소니타. 엄마 말 잘 들어. 오빠가 좋은 신붓감을 만나서 결혼하게 됐어. 그런데 알다시피 돈이 필요하잖니. 그래서 널 아프가니스탄으로 데려가려고 왔단다. 이제 너도 열여섯 살이니 틀림없이 결혼할 수 있을 거야."

심장이 '툭' 하고 내려앉는 기분이었어요. 오빠가 결혼하기 위해서는 9천 달러(약 1,000만 원)가 필요했고, 그 돈을 구하기 위해 소니타의 결혼이 이미 결정됐다는 이야기였어요.

"엄마, 저 사실 래퍼가 될 준비를 하고 있어요. 나중에 무대에 서면 돈도 벌 수 있고요."

"뭐? 여자가 무대에 선다니 정말 부끄러운 생각을 하고 있구나. 잘못하면 우리 가족 모두가 위험해질 수 있는 짓이야!"

엄마는 더는 소니타의 말을 들으려 하지 않았어요. 어서 짐을 싸라며 재촉할 뿐이었어요. 앞이 캄캄해진 소니타는 황급히 로흐사레에게 달려갔어요. 반갑게 맞는 로흐사레 앞에서 눈물을 꾹 참으며 입을 열었지요.

"로흐사레, 저는 이 노래를 꼭 해야만 해요. 그러니 저를 사 주실 수 있나요? 전 어차피 팔려 갈 몸이니까 당신이 저를 사 주신다면 돈을 벌어서

갚을게요."

 당돌한 제안에 당황한 로흐사레에게 소니타는 자초지종을 털어놓았어요. 로흐사레는 대답 대신 소니타를 따뜻하게 안아주었어요. 그리고 함께 엄마를 만나러 갔어요.

 "안녕하세요. 영화감독 로흐사레라고 합니다. 죄송하지만, 꼭 어린 딸을 결혼을 시키셔야 하나요?"

"소니타의 결혼은 우리나라 전통일 뿐이에요."

엄마는 딱 잘라 말하며 딸을 못마땅하게 바라보았어요. 소니타의 가슴이 쿵쾅쿵쾅 뛰었어요.

"저는 소니타에게 래퍼가 될 기회를 주고 싶어요. 그러니 오빠의 결혼 지참금을 제가 대신 드리면 어떨까요?"

엄마는 놀란 눈치였지만 좀처럼 허락하지 않았어요. 로흐사레는 설득을 이어갔어요.

"딸도 아들 못지않게 소중한 존재라고 생각합니다. 여자들도 자신들이 원하는 미래를 살아갈 권리가 있어요. 어머니도 여자이고 피해자 아니신가요?"

"맞아요. 엄마. 왜 여자들은 다 똑같이 살아야 하나요? 저는 강제로 결혼하지 않을 거예요."

"네가 고집 부린다고 세상이 달라지지 않아. 다들 그렇게 사는 거란다."

"그래도 누군가는 아니라고 말해야 하지 않나요? 누군가 해야 할 일이라면 제가 하고 말 거에요."

엄마의 눈동자가 심하게 흔들렸어요. 애타게 자신을 바라보는 딸의 얼굴에서 열세 살의 자신이 떠올랐어요. 생전 처음 본 남자에게 팔려서 집을 떠나던 순간의 참담한 고통이 되살아나는 듯했어요.

한참을 생각하던 엄마가 떨리는 목소리로 말했어요.

"이미 약속한 결혼을 취소할 수는 없어. 대신 6개월의 시간을 벌어 볼게."

그리고 엄마는 눈물을 감추며 돌아섰어요. 소니타는 6개월의 시간을 결코 헛되이 쓰지 않겠다고 다짐하며 주먹을 불끈 쥐었지요.

랩을 노래하는 신부

얼마 후 소니타는 하얀 웨딩드레스를 입고 있었어요. 마치 결혼식 날 신부처럼 말이죠. 하지만 예쁜 신부 화장 대신, 눈에는 남편의 폭력을 상징하는 시뻘건 멍 분장을 하고, 이마에는 상품처럼 팔려나가는 어린 신부들의 처지를 상징하는 바코드 도장이 찍혀 있었어요. 그리고 소니타 앞에는 카메라를 든 로흐사레가 있었어요.

"자, 소니타! 이제 네가 하고 싶은 모든 이야기를 마음껏 쏟아 내렴!"

잠시 숨을 고른 후 소니타는 거침없이 랩을 쏟아 냈어요. 비록 경찰의 눈을 피하느라 어두컴컴한 지하실에서 이루어진 촬영이었지만, 마치 화려한 무대 위의 가수처럼 마음껏 솜씨를 발휘했죠.

"아무도 이것을 들으면 안 돼지. 하지만 나는 신부를 파는 것에 대해 이야기하고 싶어.

종교에 위배되니까 아무도 내 목소리를 듣지 말아야 하지.

그들은 여자가 침묵을 지켜야 한다고 말해. 이것이 도시의 전통이라고.

(중략) 나는 사람들이 따르고 있는 결혼 전통 때문에 혼란과 충격에 빠졌어.

그들은 딸에게 선택의 기회도 주지 않고 팔아 버리지.

아빠는 양육비가 얼마나 들었는지만 이야기하지.

더 많은 돈을 내는 사람이 딸을 데려갈 거라고 말하며……."

– 소니타의 〈신부를 팝니다〉 중에서

소니타는 이 노래를 통해 자신은 물론, 비슷한 처지의 소녀들이 강제 결혼에서 도망칠 수 있기를 바랐어요. 그래서 전 세계 네티즌들이 볼 수 있게 동영상 공유 사이트에도 용기를 내어 공개했지요.

마침내 뮤직비디오 영상을 세상에 선보이는 날, 소니타의 가슴은 콩닥콩닥 뛰었어요.

"소니타, 이것 좀 봐! 순식간에 조회 수가 1,000명을 돌파했어."

함께 모니터를 지켜보던 로호사레가 흥분에 찬 목소리로 말했어요.

"오, 꿈만 같아요! 이렇게 많은 사람이 내 목소리를 듣고 있다니!!"

"여기 좀 봐. 댓글도 달리고 있어! 미국, 유럽, 어머나! 아시아에서도 보고 있대."

모니터에는 세계 곳곳에서 쏟아지는 실시간 반응이 빠르게 올라왔어요.

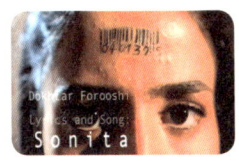   

- ↳ 이토록 슬프고 아름다운 랩이라니. 소니타의 용기에 박수를 보냅니다.
- ↳ 세상에! 딸을 파는 부모가 있다니? 아동 범죄 아닌가요?
- ↳ 소녀들에게 도움을 주고 싶어요. 모금 운동 시작합니다!

소니타에게는 꿈만 같은 순간이었어요. 단 한 달 만에 뮤직비디오 조회 수는 10만 건을 돌파했고, 아프가니스탄 TV에도 방영이 되었어요. 동시에 많은 어른에게 큰 울림을 주는 데 성공했죠. 이제 소니타는 더 큰 용기를 내게 되었어요. 힘없는 소녀들의 목소리를 대신하는 래퍼가 되기로 했지요. 조혼이라는 나쁜 풍습이 사라지게 될 그날까지 말이에요.

소니타, 반가워!

Q 뮤직비디오는 정말 감동이었어. 조회 수가 자그마치 100만이 훌쩍 넘던걸? 그런데 영상이 공개되고 위험하진 않았어?

• 소니타의 영상이 궁금한 친구들은 유튜브에서 〈brides for sales〉를 검색해 봐!

A 이란 당국의 감시는 어마어마했어. 여성 인권이 매우 취약한 이란에서는 여성이 공식 무대에 설 수도, 방송에 출연할 수도 없거든. 아니나 다를까 영상이 공개되고 경찰에서 체포 명령이 내려졌다며 연락이 왔지. 무서웠냐고? 아니! 결혼하는 상상에 비하면 난 하나도 두렵지 않았어. 만일 내가 감옥에 가게 된다면 더 큰 뉴스가 될 거라는 생각을 했거든. 결국엔 영상이 큰 화제가 되면서 경찰의 처벌은 취소되었어.

Q 지금은 어떻게 살고 있는지도 궁금해. 랩은 계속하고 있어?

A 유튜브 공개 이후 내 인생은 기적의 연속이었어. 한 시민단체의 후원으로 미국 음악 학교에 유학을 할 수 있었고, 뉴욕 콘서트 무대를 통해 정식 래퍼로 데뷔했어. 얼마 전엔 오디션 대회에 출전했는데, 아프가니스탄의 젊은이들에게 투표 참여를 호소하는 나의 랩이 우승을 차지해서 1,000달러의 상금도 받았어.

Q 엄마는 어떠셔? 혹시 아직도 너에게 결혼 이야기를 하시니?

A 내 미국 유학은 가족들에게는 일체 비밀이었어. 그러던 어느 날 엄마에게서 편지가 도착한 거야. 떨리는 손으로 편지를 열었는데, 더는 결혼을 강요하지 않겠다는 이야기였어. 어찌나 기쁘던지 캠퍼스가 떠나가도록 소리를 질렀지! 이제 엄마는 나의 열성 팬이야. 누구보다 내 음악을 응원해 주셔. 아참, 지난번 오디션에서 받은 상금을 전부 집으로 보냈거든? 엄마는 기쁘기도 놀랍기도 하셨던 모양이야. 딸도 아들 못지않게 돈을 벌 수 있다는 걸 엄마도 알게 되었으니 나 또한 뿌듯했어! 우리 모녀는 점점 더 서로를 이해하고 사랑하고 있어.

Q 어린 소녀들의 강제 결혼은 정말 끔찍해. 언제쯤 소니타에게 온 기적을 다른 소녀들도 받을 수 있을까?

A 안타깝게도 아프가니스탄은 아직 갈 길이 멀어 보여. 2009년 여성에 대한 폭력 근절 법안이 통과됐지만, 실제로 처벌이 내려진 사례는 거의 없다고 해. 난 인권 변호사가 되어 아프가니스탄을 바꾸고 싶었는데, 다행이 내 동영상을 본 시민단체의 도움으로 미국에서 공부한 뒤 지금은 아동 인권단체에서 일을 하고 있어. 나의 용기가 우리 가족을 달라지게 했던 것처럼, 더 큰 세상도 움직일 수 있다고 믿어! 늘 응원해 줄 거지?

 '조혼'으로 고통 받는 어린 소녀들

어린 신부로 팔려 가는 소녀들

• 세계는 오는 2030년까지 조혼을 지구상에서 없애기로 약속했다.

가까운 미래에는 자신의 선택에 따라 결혼을 미루거나 하지 않는 것이 더욱 자연스러운 사회가 될 거예요. 물론 원치 않는 결혼을 하는 경우도 없을 테고요. 하지만, 세계 곳곳에는 어린 나이에 결혼을 강요당하는 많은 소녀가 있어요. 2018년 유니세프 발표에 따르면, 해마다 만 18세 미만의 소녀 1,200만 명이 원치 않는 결혼을 하고 있어요. 아프리카나 중동 지역뿐 아니라 인도, 방글라데시 등 남아시아에서도 많은 조혼이 이뤄지고 있지요. 조혼의 원인은 다양해요. 아프가니스탄이나 예멘 등 이슬람 국가에서는 이슬람교의 창시자 무함마드가 9살 신부와 결혼했다는 이슬람법의 구절에 따라 조혼을 당연하게 여기고 있어요. 또한 가난한 나라에서는 식구를 한 명이라도 줄이려고 어린 딸의 결혼을 강요하기도 해요. 이때 부모들은 돈을 받기도 하는데, 고작 염소 한 마리, 쌀 몇 포대에도 딸을 팔아넘기는 충격적인 경우도 발생하지요.

지구상에서 조혼이 사라질 수 있을까

유엔은 차별 받는 소녀들을 위해 매년 10월 11일을 '세계 여자아이의 날'로 지정하고 특히 조혼의 문제를 해결하는 데 집중하고 있어요. 전 세계 국가에 조혼 관련 법률을 검토해 달라고 요청했지요. 실제 아프리카를 비롯한 나라에서는 혼인 가능 연령을 올리도록 법을 고치려는 움직임이 일어나고 있어요.
이러한 노력은 반가운 소식이지만, 무엇보다 중요한 것은 종교나 문화적인 관습에 갇힌 사람들의 생각이 바뀌어야 한다는 사실이에요. 그래서 많은 사람이 이 문제의 심각성에 관심을 기울이는 일이 매우 중요해요. 조혼에 대한 여러분의 관심은 지구상의 많은 소녀에게 자유를 찾아줄 수 있는 큰 힘이 될 거예요.

열 살 소녀의 용감한 이혼

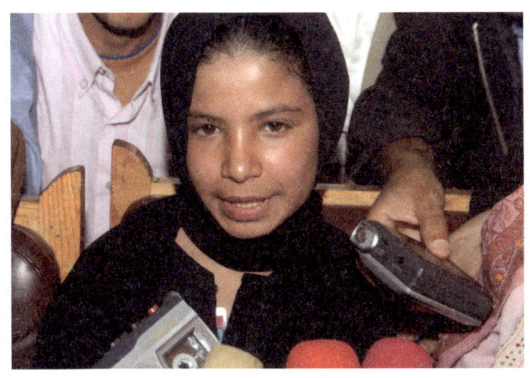

• 누주드는 결국 집으로 돌아와 그토록 소원이던 학교를 다녔다.

예멘에서 태어난 누주드 알리는 9살에 스무 살 많은 남자와 결혼했어요. 밥벌이 없이 구걸로 11남매를 기르던 아버지가 100만 원에 어린 딸을 판 거예요. 결혼 생활은 끔찍했어요. 낮에는 고된 집안일을 하고 밤에는 남편이 드는 매를 맞아야 했으니까요. 결국 누주드는 이혼을 결심하고 친정을 찾아가요. 하지만 가족들은 딸의 이혼이 가문의 명예를 더럽히는 일이라며 요청을 거절했지요. 하지만 누주드는 포기하지 않았어요. 홀로 법원을 찾아가 우연히 만난 판사에게 "이혼하러 왔어요."라며 당당히 말했지요. 결국 판사의 도움으로 이혼을 할 수 있었어요. 누주드의 집안은 물론 온 나라가 발칵 뒤집어진 일이었어요. 하지만 이를 계기로 예멘에서는 만 17세 이상의 여성들만 결혼할 수 있는 법이 생겨났어요.

이렇게 힘없는 소녀들의 용기가 세상의 많은 소녀를 구하는 희망의 불씨가 되고 있어요.

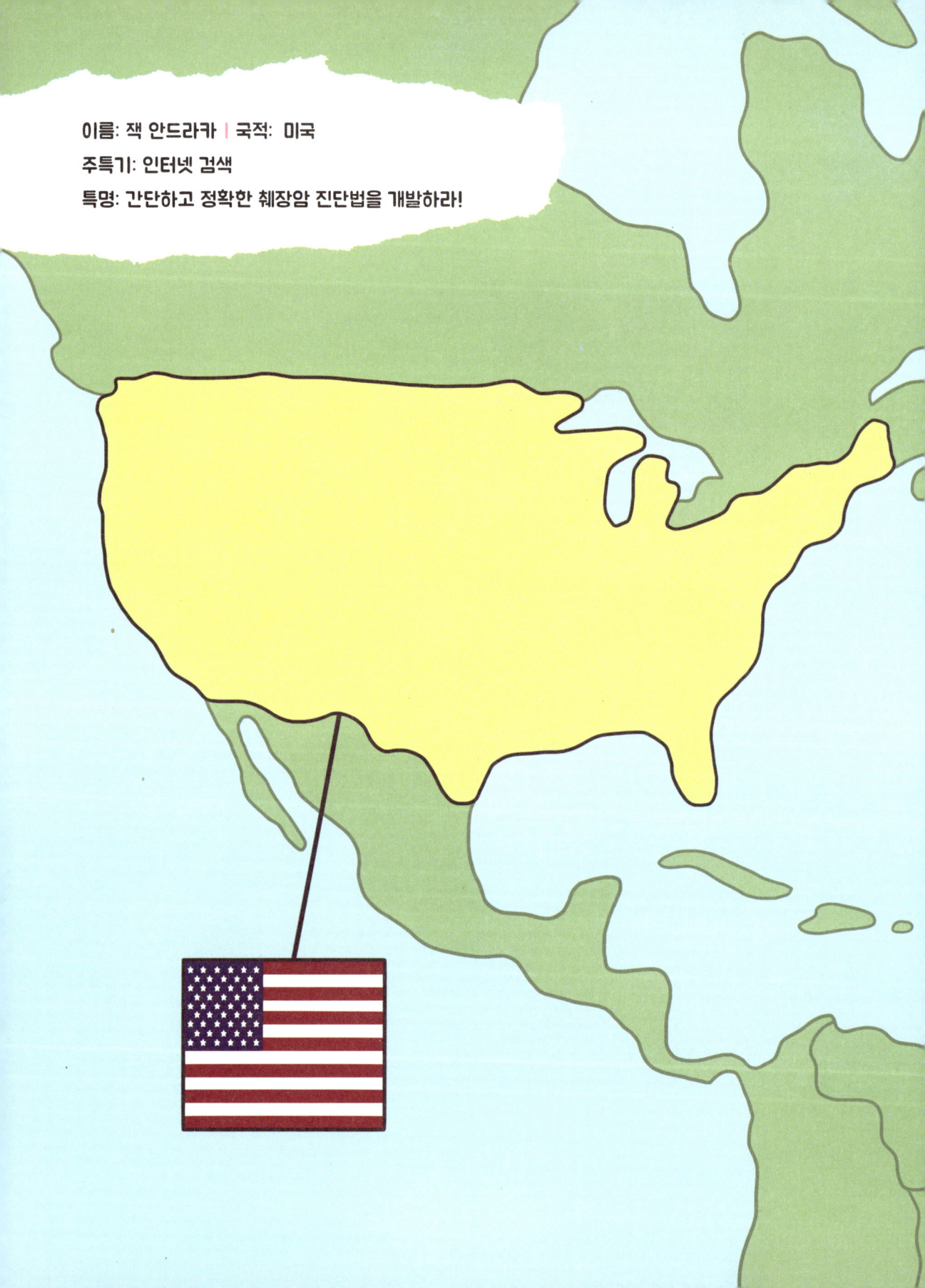

> 당신은 세상을 바꿀 수 있습니다.
> 췌장이 뭔지도 몰랐던 열다섯 살짜리 아이가 췌장암을
> 새로 진단하는 방법을 찾은 것처럼
> 당신이 할 수 있는 것을 상상해 보세요.

테드(Ted) 강연 중에서

삼촌의 죽음

"잭, 할 말이 있어. 잠깐 앉아 봐."

엄마의 낮게 깔린 목소리가 심상치 않았어요. 커다란 눈에는 눈물마저 맺혀 있었지요.

"오늘 아침에 테드 삼촌이 하늘나라로 가셨어……."

"네에?"

잭은 멍해져서 눈물조차 나오지 않았어요. 췌장암에 걸린 테드 아저씨는 6개월 동안 병원에 입원해 있었어요. 며칠 전 병문안을 했을 때 눈에 띄게 마른 모습이 마음에 걸렸지만, 아저씨의 죽음은 상상해본 적이 없었어요. 가까운 이웃이었던 그는 잭의 어린 시절을 함께한 가족이나 다름없었어요. 그래서 잭은 늘 '삼촌'이라 부르며 따랐지요.

'작별 인사도 못 했는데…….'

삼촌을 다시 만날 수 없다니, 잭은 난생처음 가슴이 무너져 내린다는 말을 실감했어요.

며칠 뒤, 장례식에 다녀온 잭은 책상 앞에 앉았어요. 어려운 수학 문제를 풀면서 슬픔을 잊어보려고 애썼지요. 평소 같으면 수학 공식을 대입하면서 신이 났던 잭이었지만, 좀처럼 문제에 집중할 수가 없었어요. 풀리지 않는 문제를 두고 쩔쩔매고 있으면, 마치 요술을 부리듯 해법을 알려주던 삼촌이 떠올랐거든요. 잭에게 곱셈과 나눗셈을 처음 가르쳐준 사람도 삼촌이었지요. 그제야 눈물이 후드득 떨어졌어요. 그리곤 장례식에서 들었던 어른들 이야기가 떠올랐어요.

"건강했던 사람인데 이렇게 떠나다니……. 췌장암이 참 무서워."

"좀 더 빨리 발견했다면 좋았을 텐데. 수술도 못 하고 아무것도 못 해보고 떠났으니. 쯧……."

어른들은 아저씨가 병을 알게 됐을 땐 이미 암세포가 온몸에 퍼진 상태였다고 했어요. 병원에 들어갈 때부터 자신의 운명을 알고 있었던 아저씨는, 잭을 만날 때만큼은 항상 웃는 얼굴로 안부를 건넸던 거예요. 그런 생각을 하자 잭은 너무나 괴로웠어요.

"과학이 획기적으로 발전했는데도, 왜 암을 빨리 발견하지 못할까?"

잭은 췌장암이 대체 무엇인지 알고 싶었어요. 그 해답을 알려줄 적절한 도구가 방 안에 있었어요. 바로 인터넷이었죠. 어디 한번 물어보라는 듯 검색창의 커서가 깜빡였어요. 잭은 단 세 글자, '췌장암'을 입력하고 맨 위에 뜨는 블로그를 클릭했어요.

〈췌장암이란 무엇인가〉

췌장은 인슐린이라는 호르몬을 생산하고 음식물을 소화하는 효소를 만들어 내는 공장 역할을 하는 장기로, 췌장에 문제가 생기면 혈당 조절이 잘 안 되고 소화에 문제가 발생한다.

그러나 췌장은 몸 속 가장 깊은 곳에 있는 장기이기 때문에 복부초음파만으로는 관찰하기 힘들다는 특징이 있다. 췌장암은 근래에 사망률이 증가하고 있는 병으로, 애플의 창립자인 스티브 잡스가 56세에 생을 마감했던 질병으로 알려져 있다. (중략)

다음으론 췌장암의 사망률이 높은 이유를 찾아보았어요. 현재 사용되는 췌장암 진단법은 무려 60년 전에 개발된 오래된 기술이었어요. 이 검사법은 매우 복잡한 데다 검사 비용이 800달러(약 92만 원)나 되고, 정확도는 70%에 그쳤어요. 열 명 중 세 명은 검사하고도 병을 발견하지 못하고 지나칠 수 있다는 거예요. 충격적인 사실이었지요.

'췌장암을 진단하는 더 좋은 방법이 없는 걸까?'

잭의 궁금증은 단순한 호기심이 아니었어요. 유별나게 과학을 좋아하는 아이였으니까요. 수학과 과학을 집중적으로 가르치는 중학교에 입학했고, 입학 첫해엔 전교생이 참가한 과학경진대회에서 우승을 차지하기도 했어요. 물살에 휩쓸려 죽는 사람들의 목숨을 구하기 위해서 '물의 흐름을 바꾸는 기계'를 연구한 결과였지요. 과학을 통해 세상을 변화시킬 수 있다는 사실을 깨달은 잭에게 이번엔 '췌장암'이란 세 글자가 머릿속을 가득 채우고 있었어요.

단백질과의 전쟁

"저, 췌장암을 일찍 진단할 수 있는 방법을 찾아낼 거예요. 당분간 연구에 전념하려고요. 아, 물론 학교 공부도 게을리 하지 않을게요."

부모님은 황당한 얼굴을 감추지 못했어요. 잭은 지금까지 인터넷을 통해 찾은 정보들과 앞으로의 목표에 대해 차근차근 설명했지요.

"생각은 기특하다만……. 이미 많은 의학자가 시도하지 않았을까? 그들이 60년이나 된 진단법을 아직도 사용하는 데는 이유가 있을 테고, 좀 무모한 시도 같구나."

"아빠 말씀이 맞아요. 유명한 박사들에게도 어려운 문제예요. 그래도 해 볼 거예요!"

"무엇보다 잭, 암은 열네 살 아이에겐 너무 무거운 주제야. 더구나 삼촌

일을 겪고 힘든 네가 암을 연구한다니 엄마는 마음이 아프구나."

"처음 삼촌을 병문안 갔을 때 하셨던 말씀이 떠올라서요. 제가 과학경연대회를 준비하던 일이 잘 안되고 있다고 했더니, 어떤 상황에서도 제 연구에 긍정적인 영향을 받게 될 사람들을 잊지 말라고 하셨어요. 이번 연구도 저를 위해서가 아니라, 많은 환자를 위해 해보고 싶어요."

부모님은 잭의 고집을 쉽게 꺾을 수 없다는 걸 알고 있었어요. 어릴 때부터 폭발물 실험을 하다가 집에 작은 불을 내기도 하고, 백만 볼트가 흐르는 전구를 실험하다 동네 전체의 전기를 끊어 먹은 아들이었으니까요. 결국 부모님은 잭의 연구를 지지해 주기로 했어요.

잭은 본격적으로 인터넷상의 모든 췌장암 정보를 수집했어요. 그리고 곧 암에 걸리면 특정 단백질이 혈액에서 증가한다는 사실을 알게 되었지요.

'그렇다면 췌장암 환자의 몸에 증가하는 단백질을 찾으면 되겠네? 가만, 단백질이 모두 몇 개야? 오 마이 갓! 8,000개? 800개도 아니고 8,000개?'

엄청난 숫자 앞에 머리가 지끈 아팠어요. 하지만 여기서 멈출 잭이 아니었지요. 8,000개의 단백질 가운데 해법이 있다는 걸 확신했으니까요. 그날부터 잭과 단백질의 길고 긴 싸움이 시작됐어요. 온종일 방안에서 모니터만 뚫어지게 보며 단백질 성분을 하나하나 분석하고 차이점을 살폈어요. 그러려면 과학자들이 인터넷상에 발표한 논문을 읽어야 했는데, 갓 중학생이 된 잭의 수준엔 도무지 이해할 수 없는 전문 용어들도 많았어요. 한 단락을 이해하느라 머리를 쥐어뜯다 보면 반나절이 훌쩍 지나버렸지요.

그렇게 단백질 찾기에만 매달려 석 달을 보낸 어느 날이었어요.

"악, 악! 엄마, 아빠!"

잭의 외침에 깜짝 놀란 부모님이 방으로 쫓아왔어요. 잔뜩 흥분한 잭이 펄쩍펄쩍 뛰고 있었지요.

"드디어 찾았어요. 메소텔린이에요!"

"뭐? 메소텔린이 뭔데?"

엄마가 어리둥절한 표정으로 물었어요.

"췌장암에 걸리면 증가하는 단백질이에요. 암의 초기 단계에서 이 메소텔린 수치만 확인하면 살 수 있다고요!"

"세상에 잭! 드디어 해냈구나, 정말 대단해. 우린 네가 해낼 줄 알았어."

아빠는 엄지손가락 두 개를 척 들어 올렸어요.

"그럼, 이제 검사법 연구는 끝난 거야?"

"음……. 그게요, 혈액에서 메소텔린을 진단할 수 있는 도구를 찾아야 해요."

잭이 민망한 듯 머리를 긁적이며 말했어요.

"그래도 첫 단추를 잘 끼웠으니, 끝까지 잘 해낼 거야."

부모님은 흐뭇한 얼굴로 아들을 격려했어요.

199번의 거절

진단 도구를 찾기 위해서는 다양한 실험이 필요했어요. 잭은 실험 도구가 갖춰진 대학 실험실을 빌리고 싶었어요.

'과연 중학생에게 공간을 내줄 곳이 있을까?'

이번에도 잭은 인터넷을 통해 방법을 찾아보았어요. 미국에는 암을 연구하는 많은 대학교가 있었고, 대부분 실험실은 대학생이나 박사들의 연구를 위해 허락되고 있었어요.

하지만 잭은 포기하지 않았어요. 지금까지의 연구 기록들과 아이디어를 정리한 실험 계획서를 정성껏 만들었지요. 그리고 미국의 과학자 200명에게 메일을 보냈어요.

OOO 박사님께

저는 췌장암 진단법을 연구 중인 학생입니다.

사람의 몸에서 메소텔린을 찾아낼 수 있는 진단 센서를 만들고자 하는데, 실험실이 필요합니다. 그래서 박사님 실험실 공간을 빌릴 수 있는지 여쭙고 싶습니다. 실험 계획서는 이메일에 첨부해 두었습니다. 감사합니다.

-잭 안드라카 드림

'몇 명에게서 답장이 오려나? 받아 주겠다는 데가 너무 많으면 누굴 골라야 하지?'

자신만만했던 잭은 머릿속에 우선순위를 그려 보기도 했어요. 그리고 두근거리는 마음으로 답장을 기다렸지요.

일주일 후, 잭의 메일함에는 단 한 통의 답장도 도착하지 않았어요.

'이상하네, 박사님들이 아주 바쁘신 거겠지?'

잭은 점차 초조해졌어요. 하루에도 몇 번이나 메일함을 새로 고침하고 있었지요. 그때였어요. 짧은 알림음과 함께 마침내 첫 답장이 도착했어요.

문의해 주셔서 고맙습니다. 그러나 안타깝게도 실험실이 이미 가득 찼습니다. 더는 다른 사람을 받을 수 없습니다. 부디 이 연구를 성공적으로 마치시기 바랍니다.

잭은 절로 한숨이 나왔어요. 그때 또 한 통의 메일이 도착했어요. 마치 베껴 쓴 것처럼 비슷한 내용이었지요. 며칠 뒤, 잭의 메일함은 거절 편지로 가득 차고 말았어요.

'어리다고 무시하는 건가? 내가 실험실을 엉망진창으로 만들기라도 할까 봐?'

마음의 상처를 받은 잭은 울분이 치밀었어요.

'그래도 200통이나 보냈는데, 설마 다 거절하는 건 아니겠지?'

이제는 울고 싶은 심정이었어요. 자신의 아이디어가 형편없는 것으로 과학계의 혹평이 내려진 것 같은 기분이었지요. '과연 나를 믿어줄 과학자가 있기나 할까?' 하고 반쯤 포기하고 있던 그때 또다시 알림음이 울렸어요. 자동으로 새어 나오는 한숨과 함께 메일을 열었지요.

아니르반 마이트라 박사입니다. 정말 흥미로운 아이디어군요. 내가 도와줄 수도 있겠어요. 우리 실험실로 찾아오세요.

'우아! 세계 최고 의대로 손꼽히는 존스홉킨스대학의 마이트라 박사님이잖아!'

기적과도 같은 일이었어요. 도통 믿기지 않았던 잭은 단 두 줄을 읽고 또 읽었지요. 많은 환자를 살리기 위해 시작했던 연구가 조만간 결실을 본다고 생각하니 가슴이 벅차올랐어요.

실수투성이 어린 과학자

얼마 후, 마이트라 박사의 실험실 한구석에서 잭의 본격 실험이 시작됐어요. 키가 큰 대학생부터 머리가 희끗희끗한 박사들 사이에서 잠시 주눅이 들었지만, 그들처럼 흰 가운을 걸치자 자신감이 솟았어요. 마치 과학자가 된 것처럼 말이에요.

'한 일주일? 아니 이주일 정도면 끝낼 수 있겠지?'

잭은 자신만만했어요. 메소텔린을 진단하는 도구로 종이를 떠올린 이후, 수백 번도 더 머릿속으로 실험 방법을 상상해 보았거든요. 탄소 나노튜브와 항체를 물에 부어 섞은 다음, 가느다란 종잇조각에 찍어 메소텔린의 반응을 확인하는 방법이었어요. 마치 리트머스 시험지처럼 말이에요.

하지만 이 작업은 생각처럼 만만하지 않았어요. 먼저, 탄소 나노튜브는

지름이 머리카락의 5만 분의 1밖에 되지 않는 얇은 형태의 탄소예요. 이 가느다란 탄소를 실험 접시에 옮기느라 반나절을 허비했는가 하면, 익숙하지 않은 실험 도구들은 자꾸만 손에서 미끄러졌어요. 게다가 재채기를 참지 못하고 침방울을 튀기는 바람에 공들였던 작업을 망치기도 했지요. 이렇게 크고 작은 실수를 반복하느라 재료를 다루는 데만 꼬박 두 달이 지나고 말았어요.

'내 실험이 말도 못 하게 형편없다는 걸 엄마가 알면 뭐라고 하실까?'

잭은 모자란 실험 실력이 부끄러웠어요. 게다가 연구를 거듭할수록 잭이 계획했던 연구 방법에 수많은 오류가 드러났어요. 자신감은 한없이 떨어졌고 결국 잭은 실험실 뒤 계단에 앉아 울음을 터트렸어요. 초라한 자신이 미워 견딜 수가 없었어요.

'잭, 어떤 상황에서도 네 연구에 영향을 받을 사람들을 생각해. 환자들을 생각해.'

그때 테드 삼촌의 목소리가 들리는 듯했어요. 이 연구를 처음 시작할 때 떠올린 말이었지요.

'그래, 내 연구로 수많은 환자들을 살려낼 수 있어. 난 꼭 해낼 거야. 무엇도 날 막을 수 없어.'

마음을 다잡은 잭은 더욱 실험에 열중했어요. 학교가 끝나면 실험실로 달려오는 건 물론이고, 휴일이며 심지어 생일도 마다하고 실험실에서 밤을 새웠지요. 어떤 과학자들보다 부지런히 실험했고, 물론 대부분 실패했어요. 실험에서는 단 하나의 실수도 용납되지 않았으니까요. 그렇게 석 달이 흐른 어느 날, 잭은 기적처럼 실험에 성공했어요.

"엄마, 드디어 됐어요! 췌장암을 진단하는 종이 센서를 만들었다고요!"

잭은 가운도 벗지 않은 채로 엄마에게 달려갔어요. 주차장에서 아들을 기다리느라 졸고 있던 엄마는 번쩍 정신이 들었어요. 그리고 두 사람은 목청이 터지도록 소리를 질렀어요. 고요한 새벽 주차장이 울리는 것도 잊은 기쁨의 비명이었지요.

다음날, 잭은 실험 결과를 마이트라 박사에게 보고했어요.

"잭, 대단하구나. 이 종이 센서는 5센트(35원)도 들지 않고 검사 시간도 5분이면 충분해. 앞으로 실제 환자들을 상대로 테스트하려면 좀 더 시간이 필요하겠지만, 지금으로서도 기존 진단법을 뛰어넘는 혁신적인 개발이야. 정말 자랑스럽다."

"믿어 주신 박사님 덕분이에요. 감사합니다."

잭은 지금 이 순간, 테드 삼촌이 살아있다면 얼마나 좋을까 생각했어요. 누구보다 잭의 성공을 기뻐해 줬을 테니까요.

반가워, 잭!

Q 지금은 어떻게 됐어? 잭이 발명한 진단법이 실제 환자들을 위해 사용되고 있어?

A 마이트라 박사님 조언대로 실제 환자들을 대상으로 췌장암을 100% 발견할 수 있는지 증명하는 작업을 하는 중이야. 그다음엔 약의 안전을 확인하는 정부 기관인 식품의약국의 허가도 거쳐야 하지. 병원에서 사용되기까지 시간은 좀 더 걸리겠지만, 내가 만든 진단법이 기존보다 400배 이상 정확하고 2만 6,000배 이상 더 저렴하게 이용할 수 있다는 건 확실해. 또 췌장암뿐 아니라 폐암, 난소암 등 여러 질병에도 응용이 가능할 것으로 의료계에서 기대하고 있어.

Q 전 세계를 깜짝 놀라게 한 만큼 수많은 언론에도 출연했잖아?

A 세계 최대 규모의 학생 대상 과학경진대회에 췌장암 진단법을 출품해서 최종 우승한 이후, 내 인생은 완전히 달라졌지. 뉴욕타임스, CNN, BBC 등 세계적인 언론사들이 나를 인터뷰했어. 또 백악관 초청을 받고 오바마 미국 대통령을 만나기도 했지. 그들은 나를 '21세기 에디슨'이라며 주목했어. 하지만

• 2012년 인텔 국제과학경진대회에서 최고상인 '고든 무어상'을 수상한 안드라카

무엇보다 췌장암 환자의 가족들로부터 감사 인사를 받았을 때 가장 보람을 느껴. 앞으로 내가 더 많은 일을 해야겠다고 다짐하곤 하지.

Q 혹시 너 천재 아니니? 유명한 박사님들도 못 한 일을 해냈으니 말이야.

A 열다섯 살의 나는 암이 뭔지, 췌장이 뭔지도 몰랐어. 하지만 컴퓨터와 인터넷이 있었기에 내가 모르는 것들을 질문할 수 있었지. 내가 인터넷으로 끊임없이 질문을 던지고 통계를 찾고 논문을 읽으면서 문제를 해결할 수 있었던 것처럼, 누구나 호기심을 갖고 파고든다면 인터넷만으로도 세상을 바꿀 수 있는 아이디어를 얻을 수 있다고 생각해. 위대한 발명이나 치료법 개발의 주인공이 너희들이 되지 말란 법은 없잖아?

Q 앞으로의 발명이 기대되는데?

A 나의 가장 큰 목표는 가능한 많은 사람의 생명을 살리는 거야. 그래서 최근엔 색깔의 변화로 여러 질병을 감지하는 종이 센서를 출력하는 잉크젯 프린터, 그리고 인체에 투입하면 서로 다른 암세포들을 표적으로 삼고 가장 정확하게 없애는 방법을 연구해 주는 나노 로봇을 연구하는 중이야. 내가 테드 삼촌을 잃었던 것과 같이 사랑하는 사람을 질병 때문에 떠나보내는 고통을 다른 사람들이 겪지 않았으면 좋겠어.

인류의 영원한 숙제, 암

암은 무엇일까?

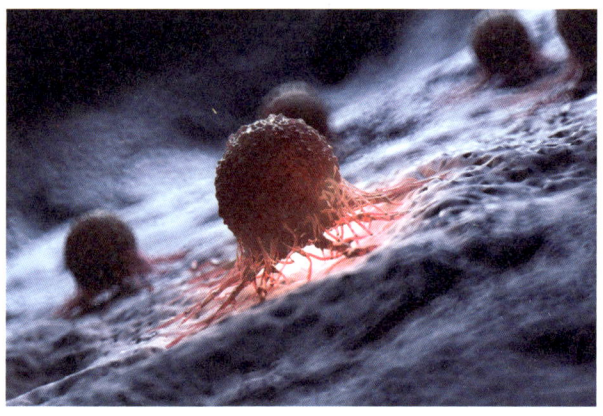

암은 왜 생기는 걸까요? 사람의 몸은 세포로 이루어져 있어요. 그런데 암을 일으키는 어떤 요인이 세포에 작용해서 정상 세포를 암세포로 만들어 버리면 암에 걸리게 돼요. 암세포가 마구 늘어나서 주위의 조직을 침범하고 그 기능을 파괴하면 결국 목숨까지 잃게 되지요. 영어로 암을 캔서(Cancer)라고 하는데, 그리스어로 '게'를 가리키는 말이에요. 암 조직이 게 껍데기처럼 딱딱한 데다가 게가 옆으로 기어가듯이 퍼지는 모습이 비슷하다고 해서 붙여진 이름이지요. 그래서 암과 관련된 국제기관의 로고에는 '게'가 그려져 있는 경우가 많아요.

암과 4차 산업

암과 같이 무서운 질병을 인류가 정복할 수 있을까요? 최근 다양한 치료법이 개발되면서 많은 암 환자들의 생명을 구하고 있어요. 특히 4차 산업 혁명은 암을 진단하고 치료하는 데 큰 변화를 가져올 것으로 기대되고 있어요. 인공지능이 환자의 상태를 진단하고, 수많은 환자의 정보를 모은 빅 데이터를 통한 치료법이 개발되고 있지요. 또 4차 산업의 주요 기술인 사물인터넷(IOT), 혼합현실(MR) 등 첨단기술을 활용해 더욱 똑똑하게 환자의 건강을 지킬 수 있어요.

잭 안드라카가 췌장암 진단법을 만들기 위한 대부분의 아이디어를 인터넷에서 찾았다는 점 또한 4차 산업의 성과라고 할 수 있어요. 정보와 인터넷을 활용해 콘텐츠를 찾아내고, 평가하고, 공유하고, 창조하는 능력을 뜻하는 '디지털 리터러시'의 능력을 발휘한 것이니까요.

암에 걸리지 않으려면

암에 걸리지 않으려면 올바른 식습관과 생활습관을 기르는 것이 중요해요. 암을 일으키는 원인으로 밝혀진 음식을 보면 탄 음식, 짠 음식, 가공식품 등이 있어요. 특히 음식의 검게 탄 부분과 고기 굽는 연기에 들어 있는 성분을 벤조피렌이라고 하는데, 1등급 발암물질이라고 하니 조심해야 해요. 그리고 평소 생활할 때 자외선이나 방사선을 되도록 피하는 것이 좋아요. 또 무엇보다 피해야 할 것이 스트레스예요. 지나친 스트레스는 암이 될 수 있으니 쌓인 감정은 그때그때 풀어주는 것이 좋아요. 이 같은 습관은 암뿐만 아니라 모든 질병으로부터 내 몸을 지키는 데 필요한 것들이니 꼭 지키도록 해요.

이름: 말랄라 유사프자이 | 국적: 파키스탄
특이사항: 2014년 노벨 평화상 수상
특명: 세상 모든 어린이가 학교에 다닐 때까지 싸워라!

6
책과 펜을 무기로
- 말랄라 유사프자이 -

> 테러리스트들은 힘으로 나의 목표를
> 바꿀 수 있다고 생각했겠지만,
> 내 삶에서 변한 것은 아무 것도 없습니다.
> 유일하게 달라진 것이 있다면 나약함과 절망이 사라지고
> 힘과 용기 그리고 열정을
> 새로 갖게 되었다는 것입니다.

유엔 연설 중에서

사라지는 학교

'신이시여, 제발 우리 학교를 지켜주세요.'

말랄라는 두 손을 모아 기도했어요. 등굣길 내내 마치 주문을 외우듯 이 기도를 중얼거렸지요. 이제 모퉁이만 돌면 학교가 보일 차례였어요.

'제발, 제발 학교가 무사했으면……'

떨리는 마음으로 모퉁이를 돌자 학교가 보여요. 친구가 반갑게 손을 흔들고 있어요.

'휴, 감사합니다!'

말랄라는 가슴을 쓸어내렸어요. 혹시라도 밤새 학교가 폭탄을 맞은 건 아닐까 걱정했던 거예요.

지난 1년간 말랄라는 주변의 200개 학교가 강제로 문을 닫거나 폭파되

는 일을 지켜봐야 했어요. 모두 탈레반이 벌인 짓이었지요. 탈레반은 보통의 이슬람교를 믿는 사람들과 달리, 매우 과격한 형태로 이슬람교를 믿는 정치 단체예요. 말랄라는 탈레반이 강제로 점령한 스와트 지역에 살고 있었지요. 탈레반이 다스리는 마을에서는 끔찍한 일들이 벌어졌어요. 그들은 이슬람 율법에 어긋나는 서구 문화를 받아들여선 안 된다며 여자아이들을 학교에 다니지 못하게 했어요. 여성들은 꼭 남자 가족과 함께 외출해야 하고, 규칙을 어기면 매를 맞거나 감옥에 가야 한다며 겁을 줬어요.

"말랄라, 학교에 갈 때 혼자 다녀서는 안 돼. 꼭 남동생들과 같이 다녀야 해."

엄마는 말랄라가 교복 입은 모습을 탈레반이 볼까 봐 걱정했어요. 말랄라는 말했어요.

"잘못한 게 없는데 왜 탈레반을 두려워해야 하나요? 제가 원하는 건 그저 학교에 다니는 것뿐이에요. 그건 범죄가 아니잖아요."

말랄라에게 학교는 남다른 곳이었어요. 말랄라는 학교를 운영하는 아빠를 따라 걷기 시작할 때부터 학교에 갔어요. 빈 교실에서 선생님 흉내 내기를 좋아했지요. 교복을 입고 정식 학생이 되는 날만을 손꼽아 기다려왔는데, 교복을 입으면 범죄자라도 된 듯 숨어 다녀야 한다니, 정말 이해할 수 없었어요.

그러던 어느 날 아침, 학교에 도착한 말랄라는 교문에 붙은 종이 한 장을 발견했어요.

> 이 학교는 여자들을 가르치고 있으며 이슬람답지 못한 교복을 입히고 있다.
> 학교 문을 닫지 않으면 당신 때문에 아이들이 눈물을 흘리게 될 것이다.

탈레반이 아빠를 협박한 거예요. 더 이상 학교가 안전하지 않다는 뜻이었지요. 하지만 아빠는 탈레반의 명령에 따르지 않았어요. 신문을 통해

'우리 학교 학생들을 해치지 말아 주시오.'라는 제목의 글을 써서 탈레반에게 맞섰지요. 겁에 질린 몇몇 선생님이 학교를 그만두었어요. 남겨진 선생님들과 학생들은 걱정이 깊어갔어요. 하지만 말랄라는 달랐어요.

'난 여성의 권리를 위해 싸울 거야. 싸워서 파키스탄을 더 나은 나라로 만들 거야.'

말랄라는 그날을 위해 더욱 공부에 집중하기로 다짐했어요. 그리고 탈레반의 협박은 계속됐어요. 그들은 라디오를 통해 무시무시한 선언을 했어요.

"새 학기부터 여자아이는 학교에 가서는 안 된다. 이를 지키지 않을 경우 부모와 교장은 책임을 져야 할 것이다."

탈레반의 경고는 온 마을을 공포로 뒤덮었어요. 여학생들은 하나둘씩 등교를 포기했고, 말랄라는 학급 친구들 절반을 잃고 말았지요.

굴 마라이가 쓰는 일기

새 학기를 보름 앞둔 어느 오후, 말랄라는 아빠가 전화하는 내용을 듣게 됐어요.

"선생님들은 모두 거절했습니다. 두려울 수밖에요. 상급반 학생 중에서 좀 더 찾아보지요."

영국 방송국 BBC에서 탈레반의 공격에 처한 파키스탄의 이야기를 글로 써줄 사람을 찾아달라고 했던 거예요. 하지만 상급반 학생들도 선뜻 나서지 못하고 있었어요. 그때 말랄라가 물었어요.

"저는 안 되나요?"

말랄라는 11살이었어요. BBC가 바라는 나이보다 한참 어린 나이였지요. 물론 아빠는 말랄라가 충분한 자질을 갖췄다고 생각했어요. 하지만 망

설여졌어요.

"흠. 말랄라, BBC에서 글을 발표한다는 건 생각보다 훨씬 많은 사람에게 영향을 미칠 거야. 그만큼 위험한 일이야."

"아빠가 말씀하셨잖아요. 항상 자기 의견을 밝히는 일에 주저하지 않는 사람이 되라고 말이에요. 학교에 계속 다닐 수만 있다면 무슨 일이라도 해보고 싶어요."

잠시 고민하던 아빠가 말했어요.

"그래, 당당히 의견을 밝히는 일만이 상황을 나아지게 할 유일한 길이야. 우리가 해보자.

고향을 위해 싸워
보자."

　말랄라는 BBC 기자의 도움을 받아 블로그에 글을 쓰기로 했어요. 다만 스와트는 인터넷이 잘되지 않아서 말랄라가 전화로 불러주는 글을 기자가 대신 블로그에 올렸지요. 또, 기자의 권유에 따라 가명을 쓰기로 했어요. 과거 영국의 지배에 맞서 싸웠던 파키스탄 사람 '굴 마카이'의 이름을 썼어요.

　말랄라의 첫 번째 글 제목은 〈나는 두렵다〉였어요.

끊임없이 쏟아지는 폭탄 소리 때문에 밤새 잠을 뒤척입니다. 매일 아침 걸어서 학교에 갈 때마다 탈레반이 나를 따라오고 있지는 않은지 자꾸 뒤를 돌아봅니다. 학교에 가도 머리 위를 나는 헬리콥터 소음에 아무 것도 들을 수가 없습니다. 하지만 나는 아무도 두렵지 않습니다. 다만 학교를 잃는 것은 두렵습니다.

말랄라는 거의 매일 굴 마카이가 되어 글을 썼어요. BBC 방송국은 이 글을 영어로 번역했고, 블로그는 금세 유명해졌어요. 먼 나라 사람들까지 스와트에서 일어나고 있는 일에 관심을 기울이게 된 거예요. 학교가 문을 닫기 하루 전날에도 말랄라는 블로그에 이렇게 썼어요.

겨울방학이 지나면 여학교 문은 열리지 않을 것입니다. 하지만 나는 언젠가 학교로 돌아갈 수 있을 거로 생각합니다. 그들은 우리가 학교에 가는 걸 막을 수 있을지 몰라도, 우리가 배우는 건 절대 막을 수 없을 것입니다. 우리는 우리가 받아야 할 교육을 반드시 받을 것입니다.

말랄라는 슬펐지만 여전히 용감했어요. 이 글을 본 사람들은 점점 더 분노하게 되었지요. 많은 나라의 인권운동가들이 나서서 탈레반의 만행을 비난했어요. 하는 수 없이 탈레반은 여자 초등학교만 문을 열도록 했어요. 10살 이하의 여자아이들은 학교에 가도 좋다고 했지요. 11살의 말랄라는 포기할 수 없었어요. 친구들에게 학교에 가자고 설득했어요.
"그러다 탈레반에게 들키면 어떡하려고? 우리가 벌을 받는 건 물론이고 선생님은 공개적으로 매질을 당하게 될 거야."

"학교에 가는 일을 두려워하지 말자. 우리는 공부할 수 있는 권리가 있어."

친구들은 고개를 끄덕였어요. 다음날 말랄라와 친구들은 교복이 아닌 평상복을 입고, 숄 아래로 책을 숨긴 채 등교를 했어요. 교실에서 기다리던 선생님이 소녀들을 따뜻하게 안아주었지요.

하지만 탈레반은 점점 더 잔인한 짓을 벌였어요. 스와트에는 쉴 새 없이 총성이 울려댔고, 많은 사람이 다치거나 죽는 일이 발생했어요. 급기야 파키스탄 정부는 주민들 모두에게 피난을 떠나게 했어요. 말랄라와 가족들도 스와트를 떠나 친척 집을 떠도는 신세가 되고 말았어요.

탈레반의 표적이 된 소녀

삼 개월 후에야 말랄라는 집으로 돌아올 수 있었어요. 파키스탄 군대가 탈레반을 스와트에서 물리친 거예요. 이제 탈레반은 어디에도 보이지 않았어요. 아빠는 다시 학교 문을 열었어요. 말랄라도 학교에 다니게 되었지요. 그리고 여자아이들을 학교에 다니지 못하게 한 탈레반의 만행은 국제적인 뉴스가 되었어요.

'굴 마카이'는 곧 말랄라로 밝혀지면서 말랄라는 세계에서 주목받는 소녀가 되었어요. 파키스탄 정부에서는 말라라에게 '파키스탄 평화상'을 주었고, 수많은 TV, 라디오, 신문에서도 말랄라를 찾았어요. 많은 사람의 응원과 지지에 힘입어 말랄라는 점점 더 강해졌어요. 그런데 14살이 된 어느 날, 말랄라는 근심이 가득한 아빠 얼굴을 보았어요.

"아빠, 무슨 일이 생긴 거죠? 제게 솔직히 말해 주세요."

아빠는 긴 한숨을 내쉰 다음 컴퓨터 화면을 보여 주었어요. 그리고 검색창에 말랄라의 이름을 입력하자 한 줄의 문장이 떠올랐어요.

• 사하로프상을 수상한 말랄라의 단체 사진(2013)

말랄라는 죽어야 한다

탈레반의 협박이었어요. 말랄라는 탈레반이 언젠가 다시 나타나리라고 짐작하고 있었어요. 기어코 그 순간이 오고 만 거예요.

"당분간 조용히 지내는 게 좋겠구나."

아빠는 자신이 딸을 무서운 일에 끌어들인 것 같다며 괴로워했어요. 얼마 후엔 경찰이 찾아와 말랄라 가족에게 몸을 피하게 했어요. 하지만 말랄라는 어른들을 향해 차분하게 말했어요.

"저는 숨지 않을 거예요. 제 일을 멈추지도 않을 겁니다."

말라라 역시 테러의 위협이 무서웠어요. 하지만 여성의 교육을 위해 싸우는 자신의 진심을 언젠가 탈레반도 알아주리라 생각하며 용기를 낸 거예요.

그리고 일 년이 지난 어느 날이었어요. 말랄라는 집으로 가는 스쿨버스를 탔어요. 여느 때처럼 친구들과 바짝 붙어 앉아서 수다를 떨고 있었지요. 그런데 혼잡한 거리를 빠져나온 버스가 갑자기 멈춰 섰어요. 그리고 불쑥 복면을 쓴 두 사람이 버스에 올라탔어요. 얼굴은 감췄지만, 작은 몸집이 또래 소년들로 보였어요. 하지만 알 수 없는 긴장감에 버스 안은 조용해졌어요. 한 소년이 물었어요.

"누가 말랄라지?"

아무도 대답하지 못했어요. 그저 고개를 돌려 말랄라를 걱정스럽게 바라보았지요. 그러자 순식간에 소년은 총을 꺼내 말랄라를 겨냥했어요. 탕, 탕, 탕! 세 발의 총소리와 함께 말랄라는 의식을 잃고 말았어요. 말랄라는 곧바로 병원으로 옮겨졌고, 황급히 달려온 아빠는 의사로부터 절망적인 이야기를 들어야 했어요.

"왼쪽 이마에 맞은 총알이 뇌를 뚫고 들어가 어깨에 박혔습니다. 당장 수술을 해야 합니다."

의사는 자칫 눈을 잃거나 뇌를 다칠 수도 있는 위험천만한 상황이라고 덧붙였어요.

말랄라의 사고 소식은 삽시간에 퍼져나갔어요. 파키스탄 TV에는 긴급 속보가 전해졌고, 병원에는 많은 기자가 모여들었어요. 말랄라의 집에도 많은 이웃이 눈물을 흘리며 달려왔어요. 엄마가 침착하게 말했어요.

"울지 말아요. 다 같이 말랄라를 위해 기도해 주세요."

하지만 여러 날이 지나도록 말랄라는 깨어나지 못했어요. 심각한 뇌 손상으로 상태는 더욱 나빠졌어요. 결국 말랄라는 영국의 버밍엄에 있는 병원으로 옮겨졌어요.

지구에서 가장 어린 인권운동가

 말랄라는 여러 번의 수술과 죽을 고비를 넘기고 나서야 의식을 회복할 수 있었어요. 하지만 말랄라는 총에 맞았던 순간을 기억하지 못했어요. 더구나 고막이 다쳐 귀가 들리지 않고 목소리도 나오지 않는 상태였지요. 말랄라는 인공 달팽이관을 이식하는 수술을 마친 후에야 자신이 얼마나 위험천만한 일을 당했는지 들을 수 있었어요. 그리고 TV 뉴스를 보게 된 말랄라는 탈레반이 자신들의 범죄를 숨기지 않았다는 것도 알게 되었어요. 그들은 언론에 이렇게 말했어요.

 "말랄라는 서구적인 교육 운동을 벌이고 있습니다. 그 교육 운동은 이슬람 정신을 해치는 범죄입니다. 만약 말랄라가 살아난다고 해도 결국 탈레반 손에 죽게 될 것입니다. 우리는 멈추지 않을 것입니다."

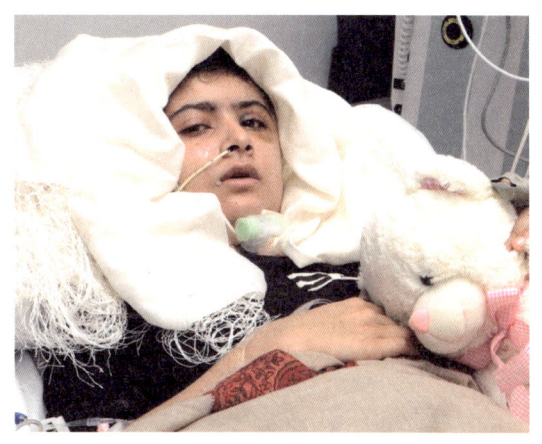
• 테러를 당한 뒤 기적처럼 살아난 말랄라를 전 세계가 응원했다.

말랄라는 분노했어요. 총에 맞은 것에 분노한 것이 아니라 그들에게 자신의 진심을 전할 틈이 없었다는 사실에 화가 났어요. 말랄라는 탈레반을 만나면 꼭 이렇게 말하고 싶었거든요.

'제가 바라는 건 여학생들의 교육뿐입니다. 하지만 당신들은 이슬람 율법을 지킨다는 이유로 죄 없는 사람들을 다치거나 죽게 하고 있습니다. 무엇이 더 잘못인가요?'

하지만 말랄라는 곧 알게 됐어요. 탈레반의 총이 잠시 자신을 침묵시켰지만, 오히려 전 세계에 자신의 목소리가 전해지고 있다는 것을요. 말랄라가 끔찍한 사고를 당하고 위독하다는 소식이 보도된 이후, 세계 곳곳에서 격려 편지를 보내왔어요. 넘쳐나는 편지와 선물들은 병원이 감당할 수 없을 정도였지요. 말랄라는 많은 사람들의 기도와 응원이 자신의 생명을 구했다는 생각에 외롭지 않았어요. 병원에서 나가면 고통받는 사람들을 돕는 일에 자신의 인생을 바쳐야겠다고 가슴 깊이 다짐했지요.

• 유엔 총회에서 연설하고 있는 말랄라

　그리고 일 년 후, 말랄라는 아주 특별한 초대장을 받았어요. 반기문 유엔 사무총장으로부터 유엔 총회에서 연설해 달라는 요청을 받은 거예요. 유엔 역사상 가장 어린 나이로 연단에 오르는 기회였어요. 말랄라는 가슴이 뛰었어요. 연설문도 몇 번이나 고쳐 썼지요. 마침내 유엔 총회가 열리는 날, 말랄라는 떨리는 마음으로 마이크 앞에 섰어요. 말랄라의 눈앞에는 뉴스에서 보던 세계적인 지도자들이 앉아있었지요. 말랄라는 조심스럽게 한 마디씩 이어나갔어요.

　"우리는 교육받지 못하고 있는 수백만 명의 아이들을 잊어서는 안 됩니다. 우리의 자매와 형제들이 밝은 미래를 기다리고 있다는 것을 잊어서는 안 됩니다. 한 명의 어린이가, 한 명의 선생님이, 한 권의 책이, 한 자루의

펜이 강한 무기가 되어 이 세상을 바꿀 수 있습니다."

 말랄라의 연설이 끝나자, 세계 지도자들이 일제히 일어나 박수를 보냈어요. 감동의 크기를 짐작할 만한 긴 박수였지요. 유엔은 이날을 '말랄라의 날'로 지정하고 모든 소녀가 교육을 받는 세상을 만들기 위해 유엔이 노력할 것을 약속했어요. 말랄라는 이후에도 세계 곳곳을 다니며 목소리를 낼 기회를 얻지 못하는 소녀들의 이야기를 대신하고 있답니다.

 ## 반가워, 말랄라!

Q 탈레반에게 무서운 일을 당하고도 계속 이 일을 한다는 게 두렵지 않아?

A 많은 기자들이 내게 하는 질문이야. 난 그때마다 두렵지 않다고 대답해. 진심이야. 탈레반이 다시 나를 쏠 수도 있겠지만, 그것은 내 육체에 불과해. 그들은 내 꿈을 쏠 수 없고, 내 믿음을 죽일 수도 없어. 내가 두려운 건 단 한 가지, 내가 미래에도 여전히 같은 말랄라로 남을 수 있을지 하는 것이야. 내가 받은 이 모든 응원과 지지에 어울리는 사람이 되고 싶어.

Q 이슬람을 믿는 사람들이 모두 탈레반과 같은 생각을 하는 걸까?

A 최근에도 탈레반의 테러가 이어지면서 많은 사람들이 '이슬람은 폭력적인 종교'라고 오해하는 것 같아. 탈레반이 자신들의 폭력을 마땅한 일인 것처럼 주장하려고 이슬람 율법을 제멋대로 이용하기 때문이지. 하지만 이슬람은 기독교에 이어 세계에서 두 번째로 많은 사람들이 믿고 있는 종교야. 창시자 무함마드의 뜻에 따라 다른 종교를 인정하고 평화를 사랑하는 종교이지. 탈레반의 테러는 위험하지만, 이슬람이 나쁜 것이라는 오해는 사라졌으면 좋겠어.

Q 열여섯 나이에 노벨 평화상을 받았잖아. 위대한 상의 수상자가 됐다는 걸 알았을 때, 기분이 어땠어?

A 노벨 평화상 소식이 전해진 그때, 난 학교에서 공부하던 중이었어. 아빠는 혹시 상을 받을지 모르니 집에서 기다리는 게 어떻겠냐고 했지만, 난 학교에 가는 게 좋았거든. 화학 수업 도중에 교감 선생님이 찾아와서 "말랄라, 노벨상을 탔어."라고 말해 주셨어. 물론 기뻤지만, 한편으론 노르웨이에서 열리는 시상식에 참가하려면 기말고사 공부할 시간이 모자랄 텐데 어쩌나 걱정하기도 했지.

• 2014년 노벨 평화상을 수상한 말랄라

Q 노벨 평화상을 받은 이후에 말랄라는 어때? 달라진 점이 있어?

A 달라진 점은 한 가지야. "노벨 평화상 수상자입니다."라고 나를 소개한다는 것. 물론 내 이름이 더 많이 알려지면서 말랄라 재단에 더욱 많은 기금이 모였어. 내 이름을 딴 말랄라 재단은 세계의 모든 여자아이가 적어도 12년제 교육을 꼭 받게 하는 것을 목표로 활동하는 단체야. 탈레반 때문에 학교를 잃어버린 고향 파키스탄에 여학교를 세우고 교육비 걱정에 학교에 다니지 못하는 학생들을 지원하고 있어. 또 시리아 난민 아이들에게 음식과 지낼 곳을 마련해 주고 학교 교육을 받을 수 있도록 돕고 있어. 나는 세계의 모든 아이가 학교에 다닐 때까지 계속해서 싸울 거야.

탈레반은 내 꿈을 쏠 수 없고, 내 믿음을 죽일 수도 없어.

 ## 교육 받지 못하는 소녀들

여학생의 교육을 반대하는 탈레반

탈레반은 원래 1996년부터 2001년까지 아프가니스탄을 지배한 세력이에요. 2001년에는 미국의 110층 빌딩을 공격하는 엄청난 테러 사건을 일으켰지요. 그러자 미국은 아프가니스탄에 군대를 파견했고, 탈레반 중 상당수가 미국을 피해 아프가니스탄 국경 부근에 위치한 스와트 지역으로 옮겨왔어요. 이곳에 온 탈레반은 사람들에게 자신들의 정책을 강요했어요. 여학생은 TV나 영화를 볼 수 없고, 학교 교육을 받을 수 없었지요. 물론 취업도 할 수 없도록 했어요. 탈레반은 이슬람 율법(코란)을 헌법으로 하는 이슬람 공화국을 세우는 것이 목표이기 때문에 여성들의 힘이 세지는 것이 두려운 거예요. 그들은 최근에도 사라지지 않고 아프가니스탄과 파키스탄 일대에서 종종 테러를 일으키고 있답니다.

학교에 가지 못하는 소녀들

지금도 전 세계에는 교육 기회를 얻지 못하는 소녀들이 1억 3천만 명이 넘어요. 한국을 비롯한 선진국들이 어린이들을 무상 교육 하는 것과 달리, 50여 개 나라에서는 학교 교육을 받으려면 수업료를 내야 해요. 하지만 가난한 나라의 국민은 이 비용을 마련하기가 쉽지 않아요. 안타깝게도 아들을 학교에 보내면서 딸의 교육을 포기하는 경우가 많아요. 또 나라의 특수한 풍습이나 상황이 소녀들의 교육을 가로막기도 해요. 아프가니스탄에는 어린 딸에게 결혼을 강요하는 조혼이란 풍습이 있어서 대부분의 소녀가 학교에 가지 못해요. 또, 시리아의 경우에는 내전이 계속되면서 6천 개의 학교가 문을 닫았어요. 한창 학교에 가야 할 나이의 어린이들이 피난민이 되어 떠돌고 있지요. 또, 2014년에는 나이지리아 여자 중학교 270여 명의 여학생들이 기숙사에서 잠을 자던 중 이슬람 무장단체인 보코하람에 납치당하는 사건이 벌어졌어요. 5년이 넘도록 그들 대부분은 학교로 돌아오지 못했지요.

소녀들의 교육이 중요한 이유

• 교육을 받고 있는 파키스탄의 여학생들

교육은 사람들의 삶을 향상해요. 그중에서도 한 소녀를 교육하는 일은 소녀의 자녀, 또 그 자녀의 자녀에게도 영향을 미쳐요. 다시 말해 소녀의 교육에 국가의 미래가 달려있다고 할 수 있지요. 그래서 많은 국가 지도자들도 노력하고 있어요. 인도의 나렌드라 모디 총리는 "딸을 살리자! 딸을 가르치자!"라는 캠페인을 시작했어요. 미국의 버락 오바마 전 대통령은 "세계 경제 시대에 국가가 진정 강해지기를 원한다면 소녀들의 능력을 단순히 무시할 수 없다"라고 말했어요. 결국 소녀들의 교육은 우리가 가진 가장 막강한 힘이 되어 세계를 더 살기 좋은 곳으로 바꿀 수 있을 거예요. 그래서 말랄라를 비롯해 전 세계 수백만 명의 말랄라가 소녀들의 교육을 위해 움직이고 있답니다.

세상을 움직이는 소년 소녀

1판 1쇄 발행 2020년 1월 31일
1판 5쇄 발행 2022년 1월 17일

글 이선경
그림 이한울
펴낸이 손기주

편집 김기린 **디자인** 썬더키즈 디자인팀
세무 세무법인 세강

펴낸곳 썬더버드
등록 2014년 9월 26일 제 2014-000010호
주소 경기도 의왕시 정우길47. 2층 **전화** 031 348 2807 **팩스** 02 6442 2807

ⓒ 썬더버드 2020 Printed in korea

이 책은 저작권법에 따라 보호를 받는 저작물이므로 무단 전재와 복제를 금지하며,
이 책의 내용 전부 또는 일부를 이용하려면 반드시 저작권자와 썬더키즈의 서면 동의를 받아야 합니다.

ISBN 979-11-966210-7-0 (73330)

값은 뒤표지에 있습니다. 잘못된 책은 구입하신 곳에서 바꾸어 드립니다.
썬더키즈는 썬더버드의 아동서 출판브랜드입니다.

해외 저작권자 확인 불가로 부득이하게 허락을 받지 못하고 사용한 사진에 대해서는
추후 저작권이 확인되는 대로 정식 동의 절차를 밟도록 하겠습니다.